Beihefte zur Berliner Theologischen Zeitschrift

Zur kulturellen Dimension der Nachhaltigkeitsdebatte

Beihefte zur Berliner Theologischen Zeitschrift

Herausgegeben im Auftrag
der Humboldt-Universität zu Berlin
durch die Theologische Fakultät

2021

Zur kulturellen Dimension der Nachhaltigkeitsdebatte

XXVII. Werner-Reihlen-Vorlesungen

Herausgegeben von Torsten Meireis
und Clemens Wustmans

DE GRUYTER

ISBN 978-3-11-071298-8
e-ISBN (PDF) 978-3-11-071308-4
e-ISBN (EPUB) 978-3-11-071312-1
ISSN 2748-8500

Library of Congress Control Number: 2021939095

Bibliografische Information der Deutschen Nationalbibliothek
Die Deutsche Nationalbibliothek verzeichnet diese Publikation in der Deutschen Nationalbibliografie; detaillierte bibliografische Daten sind im Internet über http://dnb.dnb.de abrufbar.

Coverabbildung: f9photos / iStock / Getty Images Plus
Druck und Bindung: CPI books GmbH, Leck

www.degruyter.com

MIX
Papier aus verantwortungsvollen Quellen
FSC www.fsc.org
FSC® C083411

Inhalt

Kultur als Schlüsseldimension im Nachhaltigkeitsdiskurs

Eine Einleitung

Mitten in der Coronapandemie scheint ein Beiheft zur Berliner Theologischen Zeitschrift, das sich als – um einen weiteren Beitrag ergänzte – Dokumentation der XXVII. Werner-Reihlen-Vorlesungen mit dem Zusammenhang von Nachhaltigkeit, Kultur und Religion beschäftigt, seltsam deplatziert: Liegt doch die Vermutung nahe, dass Fragen von Triage und Beschränkung der Religionsfreiheit in diesem Zusammenhang höhere Relevanz beanspruchen dürfen. Doch eine solche Annahme trügt. Denn einerseits ist die CoVid-19-Krise enger mit dem Problem der Nachhaltigkeit verbunden, als es zunächst scheint: Die Zoonosen, auf die Pandemien vom SARS- und MERS-Typus zurückgehen, zu denen auch CoVid-19 gehört, dürften ursächlich mit massiv intensivierter Flächennutzung sowie dem mittlerweile globalisierten kulturellen Leitbild eines möglichst täglichen Fleischkonsums als Teil des guten Lebens zusammenhängen, da dieses Leitbild einerseits eine schrankenlose Nutzung auch des Wildtierbestandes, andererseits eine möglichst kostensenkende industrielle Tierhaltung fördert, die solche Übertragungen von Tierkrankheiten auf Menschen begünstigt (Ashelm und Diemand 2020, UNEP und ILRI 2020). Hinsichtlich der Krisenfolgen ist es durchaus möglich, dass die Aufhebung der Beschränkungen, die während der Pandemie etwa für eine günstige Klimabilanz gesorgt haben, nach der Krise unter dem Motto *economy first* zur ungebremsten Rückkehr zu problematischen Wirtschafts- und Konsummustern und zu erneuerten nationalen Egoismen führt, auch wenn die in der Krise gewachsene Einsicht in das Maß an Umsteuerungsmöglichkeiten auch das Potential zu einer erfolgreichen Bewältigung der Klimakrise bergen könnte (Meireis 2020). Andererseits sind es weltweit gerade auch religiöse Akteurinnen und Akteure, die den Zusammenhang von CoVid-19 und Umweltproblemen einschärfen und so zu einer Kultur der Nachhaltigkeit beitragen (CPCE/GEKE 2021, UNEP 2021).

Freilich ist dieser Zusammenhang von Religion, Kultur und Nachhaltigkeit auf der Ebene internationaler Politik erst relativ spät wahrgenommen worden. Wie auch der erste Beitrag dieses Heftes zeigt, waren es hier vor allem die Zeugnisse indigener Religionen, die seit den 2002 geführten Gesprächen von Johannesburg in Verbindung von UNESCO und UNEP im Zentrum der Aufmerksamkeit standen (UNEP 2003), auch wenn die Nachhaltigkeitskategorie im internationalen Kontext von religiösen Akteuren lange vor der berühmten Definition des Berichts *Our*

https://doi.org/10.1515/9783110713084-001

Common Future der Brundtland-Kommission (WCED 1987) eingeführt worden war (vgl. Meireis in diesem Band).

Klaus Töpfer eröffnet den Band mit einer Reminiszenz an konkrete Begegnungen mit Nachfahren der Maya im Kontext der Verhandlungen um das Cartagena-Protokoll von 2003, denen er als Exekutivdirektor des UNEP beiwohnte. In den Kontakten mit den Kogi, die im Hochland Kolumbiens leben, scheint sowohl die Bedrohung der Lebensweise wie der Lebensweisheit dieser Menschen durch die hochproblematische Wirtschaftsweise des globalen Nordwestens auf, die auch durch die ökonomische Ausbeutung des tradierten Wissens durch Biopiraterie auf dem Spiel steht. Gerade im Kontext des Anthropozäns, so Töpfer, erweist sich die kulturelle Frage als zentral für die Nachhaltigkeitsthematik.

Katja Frieler, Mitarbeiterin am Potsdam-Institut für Klimafolgenforschung, stellt die Frage, wie (ökologische) Nachhaltigkeitsdiskurse, hier am Beispiel der Auswirkungen des menschengemachten Klimawandels, als Verantwortungsdiskurse zu führen seien. Indem sowohl Konsequenzen klimatischer Veränderungen für Mensch und Natur datenbasiert beschreibbar werden, wie auch die Emission von CO2 als deren Hauptursache recht eindeutig korreliert werden kann, eröffnet sich die Frage nach individueller (respektive individuell zuzuschreibender) und gesamtgesellschaftlicher Verantwortung. Eine solche Debatte, die mit naturwissenschaftlichen Erkenntnissen über den anthropogenen Klimawandel erst beginnen kann, zeigt eindringlich die Notwendigkeit inter- und transdisziplinärer, vor allem auch für die kulturelle Dimension des Diskurses offener Diskussion.

Die Situiertheit der Klimafolgenforschung thematisiert korrespondierend *Jörg Niewöhner* aus sozialanthropologischer Perspektive: Statt naturwissenschaftliche Erkenntnisse über planetare Grenzen als unverhandelbare, objektiv gegebene Fakten einer gesellschaftlichen Debatte voran- bzw. gegenüberzustellen, müsse Klimafolgenforschung ihre eigenen Wissenspraktiken als situiert begreifen. Nur so öffne sie Wissenschaft für gesellschaftliche Teilhabe an Stelle eines „wir“ gegen „die“, und nur so lege sie die Basis für eine weltweite Ausprägung eines sozialökologischen Gefühls der Verantwortung für Wissen über den planetaren Umweltwandel und die im Anthropozän notwendige Problematisierung von gesellschaftlichem Zusammenhalt als sozialökologisch basiert.

Den Blick auf soziale Nachhaltigkeit als kulturelle Praxis richtet *Melanie Jaeger-Erben*. Aus einer Metaperspektive thematisiert sie die Entstehung sozialer Nachhaltigkeit durch kulturelle Praktiken sowie die Frage, wie eine Kultur sozialer Nachhaltigkeit beschaffen sein, respektive gefördert werden könnte. Kultur versteht Jaeger-Erben dabei als all das, was Menschen gestaltend hervorbringen, so dass die gesamte Ebene der sozialen Praxis, der Gestaltung von Beziehungen und der Reproduktion von sozialen Bedeutungen in den Blick gerät. Exemplarisch wird eine „Kultur des Reparierens und des Selbermachens" untersucht und konsumistischen, nicht-nachhaltigen kulturellen Praxen gegenübergestellt.

Torsten Meireis geht dem Zusammenhang von Religion und sozialer Nachhaltigkeit am Beispiel einer protestantisch-christlichen Sicht in theologischer Perspektive nach. Dazu sucht er zunächst zu klären, wie ein ‚religiöser' Einfluss auf Nachhaltigkeitstransformationen überhaupt aussehen kann und wie das Verhältnis von Religion und Theologie dabei zu verstehen ist, um dann zu erwägen, was aus einem religiösen Blickwinkel mit ‚sozialer Nachhaltigkeit' gemeint ist. Drittens erörtert er, welche nachhaltigkeitsrelevanten Beiträge von religiösen Akteurinnen und Akteuren bzw. ihren Praxen zu erwarten sind und wie die Eigendynamik kulturell-religiöser Figurationen dabei in Rechnung gestellt werden muss, um so zu einem differenzierten und realistischen Bild des Beitrags religiöser Akteure und Praxen zur Nachhaltigkeitsthematik beizutragen.

In einer doppelten Perspektive als evangelisch-theologischer Sozialethiker und Ökonom fragt sodann *Traugott Jähnichen* nach der kulturellen Dimension ökonomischer Nachhaltigkeit. Jähnichen problematisiert das sogenannte „Nachhaltigkeits-Trilemma" und wie von kapitalistischer Verwertungslogik bestimmte Dynamiken wirtschaftlichen Handelns neben ökologischen Krisen auch die Zerstörung kultureller Traditionen bedingen. Weiterhin analysiert er die Rolle kultureller, insbesondere religiöser Traditionen als wesentlicher Voraussetzungen ökonomischen Handelns ebenso wie als Einbettung und Begrenzung kapitalistischer Verwertungslogik, womit ihnen normativ im Hinblick auf eine Transformation zu nachhaltigerem Handeln eine zentrale Funktion zukommen kann.

Abgerundet wird das vorliegende Heft durch zwei Essays, die Perspektiven des Wandels, der Transformation und nachhaltiger Entwicklung aufzeigen. *Harald Welzer* formuliert ausgehend vom Gegenwartsbefund einer „Hyperkonsumgesellschaft" die These, dass eine Transformation hin zu nachhaltigeren Praxen – gesellschaftlich wie individuell – letztlich mit Hilfe geänderten Handelns erreicht werden kann, es jedoch ein Trugschluss sei, Handeln als Fortschreibung von Wissen oder Bewusstseinsbildung zu verstehen. Vielmehr erzeuge alarmistische Kommunikation wissenschaftlicher Befunde Reaktanz; vielversprechender erscheint Welzer ein Pfadwechsel hin zu positiven Narrativen, zu lebensweltlich erfahrbaren *konkreten Utopien.*

Wolfgang Huber schließlich stellt nachhaltige Entwicklung im Horizont von Zivilgesellschaft und ihrer politischen Dimension in den Mittelpunkt seines Beitrags, der nicht Teil der Werner-Reihlen-Vorlesungen war, sondern im September 2019 als Vortrag auf Einladung der Friedrich-Ebert-Stiftung in der ruandischen Hauptstadt Kigali gehalten wurde. An diesem Ort seine Veröffentlichung zu finden, erscheint jedoch inhaltlich eine hervorragende Passung und darüber hinaus als Eröffnung einer wichtigen Perspektive: der Aufnahme des Diskurses um kulturelle Nachhaltigkeit im globalen Süden. Ist Hubers Text der Blick des theologischen Ethikers aus Europa *auf* Ruanda als Beispiel einer afrikanischen Transformationsgesellschaft, scheint es umso angezeigter, künftig kontextuellen Stimmen des globalen Südens selbst stärkeres Gewicht zu geben – wie dies exemplarisch mit einer Publikation wie dem Band *African Public Theology* (Agang, Forster und Hendriks 2020) geschieht.

Mit dem Jahr 2019 übernimmt der Lehrstuhl für Systematische Theologie (Ethik und Hermeneutik) für die Theologische Fakultät der Humboldt-Universität zu Berlin die Organisation der Werner-Reihlen-Vorlesungen, deren XXVII. Jahrgang mit dem vorliegenden Beiheft zur Berliner Theologischen Zeitschrift dokumentiert wird. Unser Dank gilt zunächst der Stifterfamilie Reihlen, die seit 1991 zum Gedenken an den 1945 im Alter von 18 Jahren gefallenen Werner Reihlen die Förderung des Gesprächs der evangelischen Theologie mit anderen Wissenschaften unter Betonung des ethischen Gesichtspunktes ermöglicht.

Als Herausgeber bedanken wir uns herzlich bei allen Autorinnen und Autoren, die mit ihren Beiträgen differenzierte Blicke auf die kulturelle Dimension der Nachhaltigkeitsdebatte ermöglichen und mit ihrer Bereitschaft zur Praxis des interdisziplinären Gesprächs zugleich eindrückliche Beispiele liefern. Für die gemeinsame Organisation und Durchführung der Tagung gilt unser Dank dem gesamten Lehrstuhlteam, insbesondere Bettina Schön, die auch die vorliegenden Texte umsichtig redigiert hat. Schließlich danken wir den Herausgeberinnen und Herausgebern der Berliner Theologischen Zeitschrift sowie Dr. Albrecht Döhnert, Katharina Zühlke und dem Verlag De Gruyter für die unkomplizierte Zusammenarbeit.

Berlin, im März 2021

Torsten Meireis
Clemens Wustmans

Literatur

Agang, Sunday B., Dion A. Forster und H. Jurgen Hendriks. Hg. 2020. *African Public Theology.* Langham Publishing: HippoBooks.

Ashelm, Michael und Stefanie Diemand. 2020. „Ein sich selbst zerstörender Kreislauf." *FAZ* vom 13. 06. 2020: 24.

Community of Protestant Churches in Europe (CPCE)/ Gemeinschaft Evangelischer Kirchen in Europa (GEKE). 2021. „Being Church Together in a Pandemic. Reflections from a Protestant Perspective." *focus* 29, https://www.leuenberg.eu/being-church-together-in-a-pandemic/ (Zugriff vom 15. 03. 2021).

Meireis, Torsten. 2020. „Bebauen und Bewahren? Christliche Wirtschaftsethik und Green Economy in der Coronakrise.“ *evangelische aspekte* 30 (3), https://www.evangelische-aspekte.de/christliche-wirtschaftsethik-green-economy/ (Zugriff vom 20. 03. 2021).
United Nations Environment Programme (UNEP). 2003. *Cultural Diversity and Biodiversity for Sustainable Development.* A jointly convened UNESCO and UNEP high-level Roundtable held on 3 September 2002 in Johannesburg during the World Summit on Sustainable Development, Nairobi.
United Nations Environment Programme (UNEP) and International Livestock Research Institute (ILRI). 2020. *Preventing the Next Pandemic: Zoonotic diseases and how to break the chain of transmission.* Nairobi, Kenya.
United Nations Environment Programme (UNEP). 2021. *Faith in the frontline with Covid 19. Interfaith response to Covid 19.* https://www.unep.org/faith-frontline-covid19 (Zugriff vom 15. 03. 2021).
World Commission on Environment and Development (WCED). 1987. *Our Common Future.* Oxford: Oxford University Press.

Klaus Töpfer

Die ökologische Aggression

1 Cartagena – Sierra Nevada de Santa Marta

Es ist das Jahr 1999.

In dieser kolumbianischen Stadt – zwischen dem Atlantik und dem Pazifik – tagen die Umweltminister der 170 Mitgliedsstaaten der Konvention biologische Vielfalt, der *Convention on Biological Diversity* (CBD).

Ihre Aufgabe: die Verhandlung über ein Protokoll zur Konkretisierung der CBD, ein Protokoll zur biologischen Sicherheit. Im Mittelpunkt: die *Living Modified Organisms*. Ein ökonomisch, ökologisch und ethisch hoch brisantes Thema – Dynamit für die Verhandlungen zwischen den sogenannten ‚hoch' entwickelten Staaten und den ‚Entwicklungsländern'.

Es ist Wochenende, es ist Verhandlungspause. Der Umweltminister von Kolumbien, Juan Mayr, der den Vorsitz der Verhandlungen innehat, lädt acht Umweltminister zu einer Exkursion ein. Als Exekutivdirektor von UNEP bin ich in dieser Reisegruppe. Das Ziel: Die Sierra Nevada de Santa Marta in Kolumbien nahe der Karibikküste, nur etwa eine Flugstunde von Cartagena entfernt.

Die acht Umweltminister der Reisegruppe springen mitten in dieser unzugänglichen und kaum besiedelten Bergwelt aus einem Hubschrauber der kolumbianischen Armee – die Rotoren des Hubschraubers werden nicht abgestellt, direkt, nachdem die Minister gebückt vom Hubschrauber wegrennen. Kaum dass sie Abstand gefunden haben, steigt der Hubschrauber auch schon wieder auf. Das Gebiet ist zwischen den Terroristen und den Paramilitärs umstritten. Deswegen bewacht hoch oben ein zweiter kreisender Hubschrauber das Landemanöver, bewacht unseren Aufenthalt. Diese Sicherheitsvorkehrungen bereits zwangen die Minister, im Hubschrauber auch bei offenen Fenstern zu fliegen, in denen schussbereite Maschinengewehre fest montiert waren.

Bereits aus der Luft, bei herrlichem Sonnenschein und bester Sicht, konnte man die großartige Landschaft genau erkennen, wo man in Kürze landen würde: Die Sierra Nevada de Santa Marta liegt unter uns. Der Pico Cristobal Colon, mit 5.557 Metern der höchste Berg Kolumbiens. Zur Meeresküste sind es nur 45 Kilometer, das höchste Küstengebirge der Welt. In der üppig grünen Natur auf einem Hochplateau eine Ansiedlung, ein ‚Dorf' aus Lehmhütten, die mit trockenen Farnen bedeckt sind, auf der Spitze des Runddaches mit einem Tongefäß gekrönt, an die englischen *chimney pots* erinnernd. In der Mitte ein größeres, in dieser Umgebung sogar stattlich anmutendes langgestrecktes Gebäude gleicher Bauart.

https://doi.org/10.1515/9783110713084-002

Acht Minister aus aller Welt – aus China und Indien, aus Mexiko und Kanada, aus der Schweiz und aus Spanien wussten, bei wem sie landeten: bei den Kogis, einer von drei ethnisch unterschiedlichen indigenen Bevölkerungsgruppen. Eine Volksgruppe, die in dieser verlassenen Bergwelt über Jahrhunderte außerhalb der Zivilisation gelebt hat und weitgehend lebt, die noch etwa 9.000 Mitglieder zählen soll, mit einer sehr eigenen Sprache, die nur gesprochen, nicht geschrieben existiert. Ernsthafte wissenschaftliche Untersuchungen führen die Kogis auf die Mayas zurück, die Yukatan in Mexico über die Karibik verließen, an dieser kolumbianischen Küste landeten und dort im Landesinneren, in einem der für einen konditionsstarken Läufer in einem Tagesmarsch von der Küste erreichbaren Hochtäler der Sierra Nevada de Santa Marta siedelten.

Der Anblick der vollständig versammelten, neugierig furchtsam blickenden Dorfgemeinschaft war für die Ankömmlinge mehr als beeindruckend: kleine Menschen, alle mit nahezu der gleichen grau-weißen sackartigen Bekleidung – alle Männer mit einem auf einer Kalabasse aufgesetzten Kalkzylinder, in dem in der Mitte ein Loch eingebohrt worden war. Beständig wurden daraus Kalkteilchen mit einem kleinen Stock gelöst und in den Mund gesteckt, für das beständige Kauen von Cocablättern eine essentiell wichtige Ergänzung. Und viele, viele Kinder!

Eingeladen wurden die Umweltminister, wie bereits erwähnt, von ihrem kolumbianischen Kollegen Juan Mayr – ein außerordentlich engagierter wie hoch angesehener Umweltpolitiker und hoch geschätzter Vermittler in schwierigen Verhandlungssituationen. Vor seiner Zeit als Minister hatte er als professioneller Fotograf über mehrere Jahre mit einigen wenigen Wissenschaftlern in dieser gottverlassenen Gegend gelebt, zwei Monate ununterbrochen bei den Kogis. Er hatte das Vertrauen dieser Menschen gewonnen, deren Sprache er nicht oder nur bruchstückhaft verstehen, geschweige denn sprechen konnte. Er hatte sich in ihre Lebensphilosophie, in ihre gesellschaftlichen Strukturen eindenken und einleben können. Eine faszinierende, in sich ruhende, mit der Natur im Gleichgewicht lebende Welt, in der die geistige Führung stets den Vorrang vor der wirtschaftlichen, der weltlichen Führung hat. Eine Gesellschaft, in der die Männer Tag und Nacht ihrem geistigen und den weltlichen Anführern zuhören, in dem zentralen Zeremonialbau sitzend, der nur den Männern zugänglich ist, kaum schlafend, wohl vom Kauen der Cocablätter wach oder halbwach gehalten. In diesen Dauergesprächen, einem monotonen Sprachteppich die tradierten Erkenntnisse und Werte weitertragend, neue Führer ausbildend – den jahrhundertealten Regelungen Geltung verschaffen und ihnen nachgehen.

Diesem Vertrauen, das Juan Mayr sich erworben hatte, war es zu verdanken, dass wir zu diesem Besuch in dieses Dorf von etwa 300 bis 400 Menschen kommen durften. Juan, und damit auch wir, wurden freundlich empfangen.

Nach dem Austausch von Cocablättern als Gastgeschenk wurden wir zu einer Gesprächsrunde in den Zeremonialbau eingeladen. Langsam, unendlich langsam entwickelte sich das Gespräch, wohl mehr oder weniger zutreffend übersetzt durch den einzigen Kogi, der in dieser Veranstaltung etwas Spanisch verstand und sprach.

Dann kam der höchste Kogi, kam der Älteste, kam „Mama“ zu dem Thema, das die Kogis bereits längere Zeit bewegt, da es sie fast aus ihrer uralten gesellschaftlichen Hierarchie herauszuwerfen droht: Der Regen kommt nicht mehr, wie er Generationen über Generationen Segen für dieses Tal und seine Bewohner gebracht hatte. Die Subsistenz-Agrarwirtschaft, die einen lange Zeit vorherrschenden Marihuana-Anbau ablöste, ist gefährdet und damit die gesamte Lebensgrundlage dieser Menschen bedroht. „Mama“ berichtet, dass alle Ältesten der Kogi an einer ihrer heiligen Stätten zusammengekommen seien. Über einen Monat habe man über Tag und durch die Nacht nach den Gründen gesucht, um Abhilfe zu schaffen und Leben zu sichern. Ihr Ergebnis: Einige Mitglieder der Kogi-Gesellschaft, vornehmlich die Jungen, die Aufmüpfigen, die nach Änderung Strebenden, hätten sich gegen die Entscheidungen der Ältesten aufgelehnt, hätten die ererbte und gelebte Ordnung in Frage gestellt – die „große Mutter“ würde dieses Verhalten dadurch bestrafen, dass der Regen ausbliebe. Die Einsicht bei den Missetätern, den „Revolutionären“, sei jetzt gegeben, man werde bald zum heiligen Berg pilgern und die „große Mutter“ wieder besänftigen.

Juan Mayr sprach vom Klimawandel, erläuterte die weltweiten Veränderungen – für den jungen Spanisch sprechenden Kogi nahezu unübersetzbar. Dann aber verstand der Älteste, er bat um Gemeinsamkeit, um Hilfen – Klimawandel war für die Kogi zum Angriff auf ihre Lebensweise, auf ihre Heimat, ihre Kultur geworden. Seit langem schon hatten sie auch über diese Einflüsse von außen gesprochen, sie aber verworfen, da nicht durch eigenes Tun beeinfluss- oder veränderbar. Bis in diese Bergeinsamkeit, tausende von Metern über der Meeresküste war diese ökologische Aggression des Klimawandels konkret. Eine Aggression, gegen die sich die Kogis nicht verteidigen können. Sie waren und sind in der Armutsdefinition der UN extrem arm – sie verfügen über weit weniger als 1 US-Dollar pro Tag und Person. Die von ihnen verursachten CO2-Emissionen sind negativ – ihre Natur nimmt viel mehr CO2 auf, als sie verursachen. Sie leisten keinerlei Beitrag zu einer so abstrakten Größe wie dem „Bruttosozialprodukt“. Sie waren und sind jedoch noch sehr reich – gemessen an dem Reichtum ihres kulturellen Lebens, ihrer Mitmenschlichkeit in der monogamen Familie, ihrem Vertrauen auf die ethnische Grundlage ihres Lebens – aber auch im Reichtum ihrer bisher stets ausreichenden Nahrung, dem Reichtum der Natur.

Der Klimawandel wird sie bald zu Flüchtlingen machen. Besonders die jungen Kogis werden ihre Höhentäler verlassen, werden an die Küste ziehen und dort in der uralten Stadt Santa Marta ankommen. Diese hat bereits gegenwärtig deutlich über 500.000 Einwohner. Die Existenzgrundlage hat sich in der gesamten Region vornehmlich auf den Tourismus hin verschoben. Alles weit entfernt von der Lebensweise der Kogis, noch weiter entfernt von einer Bewahrung des kulturellen, spirituellen und umweltverträglichen Erbes. Zu einer Anpassung an das veränderte Klima fehlt ihnen die materielle Grundlage, die ihnen ihr Reichtum nicht verschafft. Sie sind dieser ökologischen Aggression, diesen Auswirkungen der massenhaften CO2-Emmissionen aus den industrialisierten Ländern des hohen Wohlstands schutzlos ausgesetzt. Programmierte Umweltflüchtlinge in die bereits jetzt cancerogen wachsenden Stadtgebilde, programmierte Arme, programmierter Verlust an kultureller Vielfalt, an Sprache, an gelebten Traditionen, auch an Artenvielfalt in den so extensiv genutzten Hochtälern. Mit dem Absterben dieser kulturellen Vielfalt stirbt Lebensweisheit, stirbt das tradierte Wissen über Naturzusammenhänge bei diesen Menschen, über Naturmedizin – die Welt wird ärmer, weil das Bruttosozialprodukt anderorts steigt. Es steigt nicht zuletzt deshalb, da es hoch subventioniert wird durch die Abwälzung von Kosten des Produzierens und Konsumierens auf die entfernt Lebenden, besonders auf die Ärmsten der Armen in den Entwicklungsländern. Abwälzung auch auf kommende Generationen – nicht nur Haushaltsdefizite, die von den nächsten Generationen abgetragen werden müssen, sondern auch gewaltige ökologische Schulden hinterlässt diese Wohlstandsgesellschaft, die noch nie zuvor so viel ‚Wohlstand' und ‚technische Lösungen' aufgehäuft und entwickelt hat.

2 Das Cartagena-Protokoll

Wieder zurück in Cartagena, zurück in die stockenden Verhandlungen zum Protokoll über biologische Sicherheit im Rahmen der CBD. Immer noch nachdenklich durch die konkreten Erfahrungen bei den Kogis, mit gewachsener Überzeugung, diese Verhandlungen zu einem wirksamen Ergebnis zu führen.

Die Thematik war extrem geprägt durch die bei den Kogis so konkret gewordenen Gegensätze. Immer akzentuierter, geradezu aggressiv reagierten die Länder des Südens auf einen konzentrierten Angriff auf ihren Reichtum. Dieser Reichtum bestand in der Vielfalt der Natur und der in dieser Natur enthaltenen ökonomisch attraktiven Lösungen für die Menschen. In konzentrierter Form erfolgte dieser Angriff auf den ökonomischen Wert der biologischen Vielfalt. Systematisch und mit hohem Einsatz wird die Genstruktur von Natur erforscht für ihre Nutzbarmachung, für eine Vielzahl von menschlichen ‚Bedürfnissen': von Pharmazeutika und Kosmetika über Fungizide bis hin zu Aphrodisiaka. Die Liste ist bedeutend länger als die hier genannten Bereiche. Allein der Neem Tree

(Niembaum) bietet über 100 unterschiedliche Chemikalien. Über diesen Baum wird daher noch zu sprechen sein. Alles gut vermarktbar unter der Zauberformel „Naturprodukte".

Reichtum aber auch in dem tradierten Wissen der Menschen. Von Generation zu Generation vererbt. Naturheilkunde in Kenntnis der Wirkungen vieler Heilkräuter, von Erden und Wasser, von Sonne und Wind.

Dieser Reichtum ist Ziel des Angriffs. „Biopiraterie" ist in diesem Zusammenhang der Begriff für ökologische Aggression. Verschärft wird dieser Angriff durch das z.T. subversive Streben nach einer Patentierung dieser Stoffe einerseits und durch genetische Veränderungen andererseits. Diese *Living Modified Organisms* berauben die Menschen in den betroffenen Regionen des Zugangs zur Nutzung dieser Naturschätze. Dutzende und Aberdutzende von sehr bekannten Pflanzen werden Gegenstand von Patentanträgen – Broccoli etwa und Tomaten.

Dies also der Hintergrund der Verhandlungen in Cartagena. Massive Bürgerproteste in nahezu allen Teilen der Welt. In Indien wird Vandana Shiva zur Gallionsfigur dieses Kampfes gegen eine Privatisierung der Natur, die mit einer Patentierung von Lebewesen verbunden ist. In Indien ist eine erschreckende Selbstmordkampagne von bis zu 300.000 Kleinbauern als Reaktion auf diese Entwicklung und die Überschwemmung der Märkte mit direkt und indirekt hoch subventionierten Agrarprodukten und entsprechend niedrigen Preisen eine unerträgliche Anklage. Die Kampagne *Keine Patente auf Saatgut* gewinnt Einfluss und große Unterstützung.

Erst im Mai 2020 entscheidet die Große Beschwerdekammer des Europäischen Gerichtshofes, dass Pflanzen und Tiere aus natürlichen Züchtungsverfahren nicht patentierbar sind.

In Cartagena konnten diese Verhandlungen nicht zu einem endgültigen Abschluss gebracht werden. Sie wurden später in Montreal fortgesetzt und abgeschlossen. Die globale Antwort auf diese Biopiraterie, auf diese unsägliche ökologische Aggression ist damit aber noch immer nicht verlässlich gegeben.

3 Paul Crutzen und das Anthropozän

Wenige Beispiele für die Realität der Welt und der ökologischen Aggressionen. In einer Welt, in der die ach so hoch entwickelten Länder gerade einmal 15 % der Weltbevölkerung ausmachen! Die dennoch überzeugt sind, dass ihre gesellschaftliche Stabilität nur über ein ständiges verlässliches Wirtschaftswachstum erreicht werden kann.

Über ein weiteres Beispiel lernte ich Paul Crutzen kennen, der Direktor des Max-Planck-Instituts für Chemie in Mainz war. In Rheinland-Pfalz war ich ab Mitte der 1980er Jahre Staatssekretär und dann Minister für Umwelt. Eines Abends erhielt ich überraschend den Besuch von Paul Crutzen. Geradezu gebieterisch forderte er von mir, die dramatische Gefährdung der Ozonschicht durch halogenierte Kohlenwasserstoffe (HKW) schnellstens zu stoppen. Diese Stoffe würden insbesondere die Ozonschicht im Süden dieser Welt zerstören. Sie müssten endgültig weltweit verboten werden.

Eine lange, intensive, durch viele politische, wirtschaftliche und auch wissenschaftliche Gegenargumente erschwerte Arbeit wurde dadurch mit großem Nachdruck vorangetrieben.

Am Ende standen die Wiener Konvention zum Schutz der Ozonschicht und das Montrealer Protokoll sowie ein Finanzierungsfonds. Die Zielsetzung war im hohen Maße geglückt. Die Ozonschicht erholt sich. Menschenleben und biologische Systeme wurden gerettet. Paul Crutzen erhielt mit zwei weiteren Wissenschaftlern den Nobelpreis für die wissenschaftlichen Arbeiten und deren Umsetzung in globaler Zusammenarbeit. Ein weiteres Beispiel für ökologische Aggression konnte somit verhindert werden.

Mit Paul Crutzen habe ich vielfältig weiter zusammenarbeiten dürfen. Ein Arbeitsfeld war die Erforschung der Wirkungen, die mit Partikelemissionen verbunden sind. Diese *Atmospheric Brown Cloud* hat Wirkungen auf vielfältige Lebensbereiche. Die Wirkungen auf eine Verlangsamung des Klimawandels stehen insbesondere zur Diskussion.

Diese Wirkung ist mit der Dynamik des Planeten Erde, durch die Vulkantätigkeit vielfältig belegt. Der Tambora-Vulkan, größte Eruption in historischer Zeit, hat 1815 ein Bergmassiv von 4.300 m Höhe explodieren lassen. Segmentmassen von bis zu 160 km^3, eine Masse von 140 Mrd. Tonnen haben durch diesen Vulkanausbruch bewirkt, dass das Jahr 1816 zu einem Jahr ohne Sommer wurde.

Paul Crutzen hat 2002 einen kurzen Artikel in *Nature* unter der Überschrift „Geology of Mankind“ (Crutzen 2002) veröffentlicht. Einleitend stellt er fest: „The effects of humans on the global environment have escalated.“ Er folgert daraus: „It seems appropriate to assign the term Anthropocene to the present, in many ways human-dominated geological epoch.“ (Crutzen 2002)

Diese Feststellung, dass der Mensch nicht mehr in einem Naturzeitalter lebt, sondern in einem Menschenzeitalter, dem *Anthropozän*, ist von geradezu revolutionärer Bedeutung für die Zukunft der Menschheit. Dabei sind die qualitativen Erkenntnisse über die Struktur von Natur und Leben wesentlich entscheidender als die quantitativen Dimensionen, die bis zur Mitte dieses Jahrhunderts die neun Milliarden Menschen auf Erden überschritten haben werden. Der Mensch dekodiert immer umfassender die Bausteine des Lebens, kann sie beeinflussen, manipulierend verändern, sie ersetzen, neue entwerfen. Damit werden die Eingriffsmöglichkeiten des Menschen in die Natur immer tiefer und umfassender. So stellt bereits Bryan Walsh seinen Artikel im Time Magazine 2012 unter die Überschrift: „Nature is over." (Walsh 2012) Paul Crutzen betont an anderer Stelle: „It is no longer us against 'Nature'. Instead it is we who decide what nature is and what it will be." (Crutzen 2002)

Die immer tieferen und umfassenderen Eingriffe in die Natur werden von menschlichen Entscheidungen getragen, die nie unter den Bedingungen vollkommener Informationen erfolgen. Karl Popper, der Philosoph und Begründer des Kritischen Rationalismus, hat aus dieser Erkenntnis heraus die Falsifizierung als Gradmesser wissenschaftlicher Arbeit benannt. Falsifizierung (vgl. Popper 1935), nicht Verifizierung, kann Grundprinzip wissenschaftlicher Forschung sein.

In Kenntnis der qualitativen Erkenntniszuwächse des Menschen im Anthropozän wächst daraus eine besondere Verantwortung für menschliches Entscheiden. Nicht überraschend also, dass Paul Crutzen in seinem Artikel in *Nature* formuliert: „A daunting task lies ahead of scientists and engineers to guide the society through the era of the Anthropocene."

Die Korrektur von Fehlern in vorangegangenen Entscheidungen wird alternativlos. Damit begrenzt sie den Freiheitsraum des Menschen. Die Auswirkungen auf die freiheitliche parlamentarische Demokratie, die eine Entscheidung über Alternativen als eine Existenzbedingung braucht, sind Herausforderungen für die Wissenschaft und bedürfen der intensiven Diskussion in einer offenen Gesellschaft. So ist es erfreulich zu erfahren, dass die Max-Planck-Gesellschaft die Gründung eines eigenen Instituts für die begleitende und gestaltende Erforschung des Anthropozäns vorbereitet.

4 Schlussbemerkung

Noch einmal zurück zu den Kogis. Auf Einladung von Juan Mayr, zwischenzeitlich Botschafter Kolumbiens in Deutschland, besuchte eine kleine Gruppe Kogis Berlin. Ihr wichtigstes Ziel: das Ethnologische Museum. Dort sind Holzmasken zu sehen, die vor 100 Jahren von Forschern nach Deutschland gebracht wurden. Diese Masken stammen aus dem 15. Jahrhundert. Sie sind, wie eine der Kogi mit tiefer emotionaler Ergriffenheit formulierte, „Reliquien des Spirituellen". Für ihre spirituellen Zeremonien von größter Bedeutung. Sie erbaten sich, zwei dieser Masken wieder in ihre angestammte Welt, in die Welt der Kogis zu bringen. Eine große Herausforderung, die nicht nur auf die Kogis bezogen werden kann. Eine Rückfrage an das Verständnis unserer Gesellschaft für geschichtliche Verantwortung.

Literatur

Crutzen, Paul J. 2002. „Geology of mankind." *Nature* 415: 23. https://doi.org/10.1038/415023a.

Crutzen, Paul J. und Christian Schwägerl. 2011. „Living in the Anthropocene: Toward a New Global Ethos." *Yale Environment* 360, Jan. 24, 2011. https://e360.yale.edu/features/living_in_the_anthropocene_toward_a_new_global_ethos

Popper, Karl. 1935. *Logik der Forschung*. Wien: Springer.

Walsh, Bryan. 2012. „Nature is over." *Time*, March 2nd, 2012. http://content.time.com/time/subscriber/article/0,33009,2108014,00.html

Katja Frieler

Physikalische Grundlagen von gesellschaftlicher und individueller Verantwortung

Das Beispiel des Klimawandels

1 Zur Ausgangslage: Der menschengemachte Klimawandel

Die wissenschaftliche Beweislage ist eindeutig: Die globale Mitteltemperatur ist über die letzten 100 Jahre um rund 1 °C angestiegen und der Mensch verursacht die Erwärmung durch die Emissionen von Treibhausgasen, in erster Linie Kohlendioxid. Im letzten Bericht des Weltklimarates (IPCC 2013) wurde die Studienlage folgendermaßen zusammengefasst:

> „Die Erwärmung des Klimasystems ist eindeutig, und viele dieser seit den 1950er Jahren beobachteten Veränderungen sind seit Jahrzehnten bis Jahrtausenden nie aufgetreten."
> „Es ist äußerst wahrscheinlich, dass der menschliche Einfluss die Hauptursache der beobachteten Erwärmung seit Mitte des 20. Jahrhunderts war."

An dieser Befundlage hat sich auch in Vorbereitung des kommenden Weltklimaberichts nichts verändert. Die Erwärmung hat heute im globalen Mittel einen Wert von rund 1 °C erreicht und zeigt sich als umfassendes globales Phänomen (IPCC 2013). Neben den Veränderungen in langfristigen Mitteln wird der Klimawandel auch in einer Veränderung der Häufigkeitsverteilung von Extremwetterereignissen sichtbar. Besonders klar erkennbar ist das Veränderungssignal in häufiger werdenden Hitzewellen. In Europa stehen diese nicht nur im Zusammenhang mit den langfristigen Erwärmungstrends, sondern werden zusätzlich durch eine beobachtete Abschwächung der Sommerzirkulation (Coumou et al. 2015) und die damit verbundenen stabilen Wetterlagen begünstigt (Lehmann und Coumou 2015; Miralles et al. 2014). Auch in Niederschlagsextremen lassen sich inzwischen Veränderungen nachweisen. So übersteigt die Anzahl der global im Zeitraum 1980 – 2010 beobachteten Niederschlagsrekorde die unter stationären Bedingungen erwartete Anzahl um 12% (Lehmann et al. 2015). Besonders ausgeprägt ist die Abweichung in Südostasien, wo die beobachtete Anzahl von Nie-

https://doi.org/10.1515/9783110713084-003

derschlagsrekorden um 56 % über der ohne Klimawandel erwarteten Anzahl liegt. Aber auch in Europa liegt die Abweichung mit 31 % über der globalen Steigerung.

Weniger sichtbar und direkt erfahrbar sind die Veränderungen im Ozean. Auch dort führt der menschengemachte Klimawandel aber zu einer deutlichen Erwärmung. Über die Zeit von 1882–2016 hat sich die Anzahl der Hitzewellen im Ozean verdoppelt. (IPCC SROCC 2019) Im Sonderbericht des Weltklimarats über den Ozean und die Kryosphäre in einem sich wandelnden Klima (IPCC SROCC 2019) wird es als „sehr wahrscheinlich" eingeschätzt, dass 84–90 % der beobachteten Hitzewellen zwischen 2006 und 2015 mit dem menschengemachten Klimawandel im Zusammenhang stehen.

Mit der Verstärkung der Veränderungen und dem zunehmenden Verständnis der zu Grunde liegenden physikalischen Prozesse und deren Repräsentation in Klimamodellen kann der Anteil der menschlichen Treibhausgasemissionen an beobachteten Wetterextremen immer besser und nahezu in Echtzeit bestimmt werden (www.worldweatherattribution.org).

2 Beobachtete Auswirkungen auf natürliche und menschliche Systeme

Mit den Veränderungen des Klimas werden auch die ersten Konsequenzen für Menschen und Natur sichtbar. So verlieren Berggletscher weltweit an Masse. Der globale Rückgang begann schon vor dem Einfluss des anthropogenen Klimawandels mit dem Ende der kleinen Eiszeit Mitte des 19. Jahrhunderts. Das Gletschereis reagiert verzögert auf die Erwärmung nach der kleinen Eiszeit und das natürliche Erwärmungssignal wirkt auch in heutigen Eisverlusten noch nach. Der Rückgang hat sich seit 1990 allerdings deutlich beschleunigt (Zemp et al. 2019), und wir sind inzwischen in der Lage, die verschiedenen Einflussfaktoren auf den Masseverlust zu trennen. Die Untersuchungen legen nahe, dass der menschengemachte Klimawandel mittlerweile die Hauptursache des beobachten Gletscherrückgangs ist. Der geschätzte Anteil am Verlust über den Gesamtzeitraum von 1851–2010 liegt zwar nur bei 15–35 %, hat aber über die Zeit zugenommen und in der Zeit von 1991 bis 2010 einen Wert von 69 ± 24 % erreicht (Marshall 2014).

Der Verlust der Gletscher trägt heute etwa 1 mm pro Jahr zum globalen Meeresspiegelanstieg bei. Über den Zeitraum von 1961 bis 2016 liegt ihr Anteil bei 25 bis 30 % des Gesamtanstiegs (Zemp et al. 2019). Damit ist ihr Anteil ungefähr vergleichbar mit dem Beitrag des grönländischen Eisschildes. Den größten Anteil an dem beobachteten Anstieg von 16 cm im Zeitraum von 1902 bis 2010 (IPCC SROCC 2019) hat allerdings die thermische Expansion der Ozeane. Auch beim

Meeresspiegelanstieg ist der durch menschliche Treibhausgasemissionen verursachte Klimawandel mittlerweile der Hauptantrieb der Veränderungen: Wird der Anteil am bisherigen Gesamtanstieg zwar noch auf 45 % geschätzt, so ist der anthropogene Klimawandel seit 1970 aber bereits die Hauptursache der Zunahme. Inzwischen gibt es Studien, die die Wirkungskette weiterverfolgen und z. B. für den tropischen Wirbelsturm Sandy, der New York im Oktober 2012 getroffen hat, abschätzen, dass durch den beobachteten Meeresspiegelanstieg von 11.4 % mehr Menschen durch Überflutungen betroffen waren als ohne Meeresspiegelanstieg und ein zusätzlicher Schaden von 2 Milliarden US$ entstanden ist (Leifert 2015). Die wissenschaftliche Begutachtung dieser Abschätzungen steht noch aus. Sie sind hier erwähnt, um deutlich zu machen, dass eine Quantifizierung der Beiträge des Klimawandels bis zu den Schäden an Infrastruktur möglich wird.

Ein besonders eindeutiges Beispiel der Schädigung natürlicher Systeme durch den Klimawandel stellt das Auftreten großflächiger Bleichungsereignisse an Korallenriffen dar. In dem Prozess bricht die Symbiose zwischen den Korallen und den Mikroalgen zusammen, die den Korallen ihre Farbe verleihen. In der Folge erscheinen die Korallen weiß und ihr Stoffwechsel wird stark gestört. Zwar können Korallen sich von milden Ereignissen über mehrere Jahre erholen, bei zu häufigen oder langanhaltenden massiven Störungen sterben sie allerdings. Als Ursache der großflächigen Ereignisse wurden marine Hitzewellen identifiziert. Die Studienlage zur Ursachenforschung ist in diesem Falle sehr klar. Global gesammelte Beobachtungen zeigen, dass die mittleren Erholungszeiten zwischen aufeinanderfolgenden Bleichungsereignissen mittlerweile auf ungefähr 6 Jahre zurückgegangen sind, während sie vor 1980 gar nicht dokumentiert sind (Hughes et al. 2018). Damit liegen sie an der Grenze selbst sehr optimistischer Schätzungen der tatsächlich benötigten Erholungszeiten. Besonders gut untersucht ist das Great Barrier Reef vor der Küste Australiens. Neben den Jahren 1998 und 2002 wurde das Riff auch 2016 von besonders schweren Bleichungsereignissen getroffen. Das Ereignis im Jahr 2016 übertraf dabei die vorherigen Ereignisse noch einmal deutlich und ließ nur 9 % der Riffe unbetroffen und fast die Hälfte der erfassten Riffe besonders schwerwiegend betroffen (Hughes et al. 2017). Die marine Hitzewelle, die das Bleichungsereignis ausgelöst hat, ist durch den Klimawandel deutlich wahrscheinlicher geworden. So wird abgeschätzt, dass sich die Wahrscheinlichkeit für ein Ereignis dieser Intensität durch den Klimawandel um einen Faktor 8.5 erhöht hat und die Wahrscheinlichkeit für ein Ereignis dieser Länge sogar um mehr als einen Faktor 50 (Oliver et al. 2018). Die Warmwasserkorallenriffe gehören wahrscheinlich zu den ersten Ökosystemen, die mit dem Klimawandel zerstört werden. Modellrechnungen sagen vorher, dass schon bei einer globalen Erwärmung von 1.5 °C die Erholungszeiten zwischen zwei Bleichungsereignissen am Großteil der Riffe unterschritten werden (Frieler et al.

2013). Die Studie vom Jahr 2012 passt damit sehr gut zu den jetzigen Beobachtungen.

Ein anderes Phänomen, an dem die Folgen der menschlichen Treibhausgasemissionen sichtbar werden, sind Flächenbrände (Wald-, Busch- oder Steppenbrände). Das Signal mischt sich jedoch mit direkten menschlichen Einflüssen. So haben global die Waldbrandflächen vor allem durch eine Ausdehnung von landwirtschaftlichen Flächen und eine Intensivierung der Landwirtschaft abgenommen (Andela et al. 2017). Zudem wirken sich die Klimaänderungen zum Teil unterschiedlich aus: So stehen in eher trockenen Gebieten, in denen hauptsächlich die Verfügbarkeit von Brennmaterial die Ausdehnung von Flächenbränden begrenzt, häufig hohe Niederschläge vor der Brandsaison mit größeren Brandflächen im Zusammenhang. Dagegen ist in anderen Gebieten die Ausdehnung der Feuer häufig nicht durch die Verfügbarkeit von Brennmaterial begrenzt, sondern vor allem durch dessen Trockenheit, d. h. Entflammbarkeit. In diesen Gebieten vergrößern dann steigende Temperaturen und Verdunstung in der Brandsaison das Risiko für Flächenbrände. Besonders in den letzteren Regionen lässt sich zunehmend ein Klimawandelsignal in der Zunahme von Waldbrandflächen nachweisen. So kommt eine Studie zu Waldbränden im Westen der USA zu dem Schluss, dass der Klimawandel einen deutlichen Anteil an der dort beobachteten Zunahme an Brandflächen hat. Dazu wurde aus Wetterdaten ein Brandrisikofaktor berechnet, der als Maß für die Trockenheit des potentiellen Brennmaterials betrachtet werden kann. Die Autoren kommen zu dem Ergebnis, dass der menschengemachte Klimawandel von 1979 bis 2015 einen Anteil von 55 % am beobachteten Trend in diesem Brandrisikoindex hat. Im Zeitraum 2000 – 2015 war die Waldfläche mit hohem Brandrisiko um 75 % höher als sie in der gleichen Zeitspanne ohne Klimawandel gewesen wäre (Abatzoglou und Williams 2016). Zudem konnte nachgewiesen werden, dass für die betrachteten Wälder ein enger Zusammenhang zwischen dem rein wetterbasierten Risikomaß und den tatsächlich beobachteten Brandflächen besteht. Auf dieser Grundlage wurde abgeschätzt, dass der Klimawandel im Jahr 2015 die Waldbrandflächen gegenüber einer Situation ohne Klimawandel fast verdoppelt hat (Abatzoglou und Williams 2016).

Einen Überblick über die Veränderungen in menschlichen und natürlichen Systemen, die bereits heute dem Klimawandel zuzuschreiben sind, liefert das entsprechende Kapitel 18 des Weltklimaberichts der Arbeitsgruppe II zu Klimafolgen aus dem Jahr 2014 (Cramer et al. 2014). Für den nächsten Weltklimabericht wird gerade an einem Update der Informationen gearbeitet.

3 CO2-Emissionen als Ursache des Klimawandels und dessen Folgen

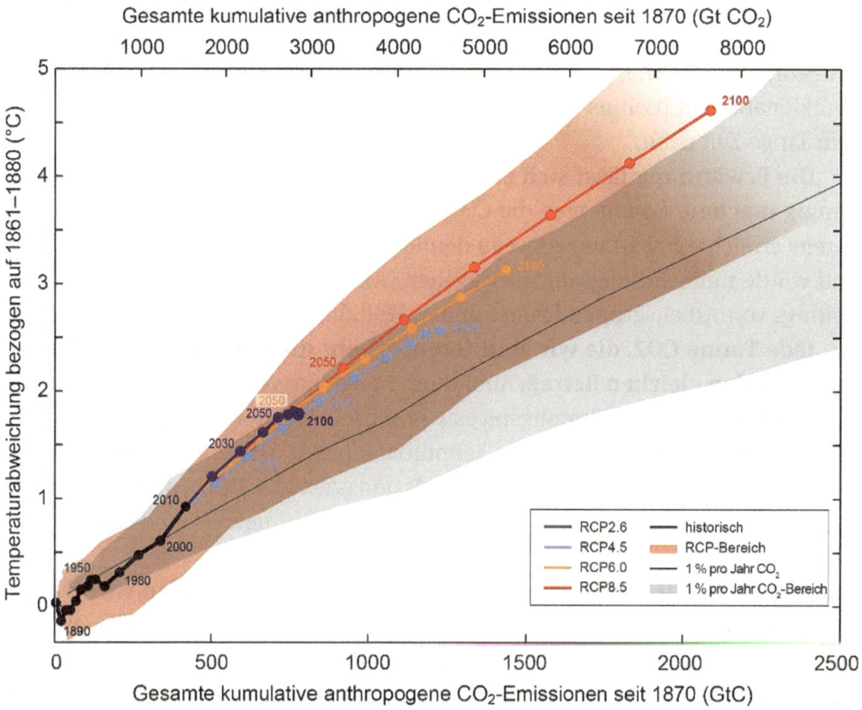

Abbildung 1: Zusammenhang zwischen der Gesamtsumme der CO2-Emissionen und der globalen Erwärmung. Für diese Abbildung wurden verschiedenste Klimasimulationen mit einer Vielzahl unterschiedlicher Modelle und unterschiedlichen Zukunftsemissionspfaden (RCP2.5, RCP4.5, RCP6.0 und RCP8.5) verwandt. Zu verschiedenen Zeitpunkten (in der Abbildung durch die Zahlen gekennzeichnet) wurde jeweils das erreichte globale Erwärmungsniveau (y-Achse) gegen die Gesamtmenge der von 1870 bis zum betrachteten Zeitpunkt emittierte Menge an CO2 (x-Achse) geplottet. Während bei den RCP-Szenarien auch andere Treibhausgase in die Simulationen eingingen, wurde in dem künstlichen „1% pro Jahr" Szenario nur CO2 als Treibhausgas berücksichtigt und mit 1% pro Jahr erhöht. Die Abbildung stammt aus der Zusammenfassung für politische Entscheidungsträger des fünften Weltklimaberichts (Übersetzung der Deutsche IPCC-Koordinierungsstelle, DLR Projektträger des Summary for Policy Makers [IPCC 2013] zum Beitrag der Arbeitsgruppe 1 zum fünften Weltklimabericht).

Für die Frage nach der „rein physikalischen" Verantwortlichkeit für die Veränderungen sind folgende Forschungsergebnisse zum Zusammenhang zwischen den Emissionen von CO_2 und der globalen Erwärmung als Maß für den Klimawandel wichtig:

Ein Teil des emittierten CO_2 bleibt sehr lang in der Atmosphäre. Bei einer einmaligen CO_2-Emission von 1000 PgC wird ungefähr die Hälfte innerhalb von wenigen Jahrzehnten aus der Atmosphäre entfernt durch die Aufnahme in den Ozean oder die Biosphäre. Ein Anteil von ungefähr 15 – 40 % allerdings ist auch nach 1000 Jahren noch als erhöhte CO_2-Konzentration in der Atmosphäre sichtbar (Antwort auf FAQ 12.3, Kapitel 12 des Beitrags von Arbeitsgruppe I zum Fünften Weltklimabericht [Collins et al. 2013]). Unsere heutigen Emissionen wirken also sehr lange Zeit nach.

Die Erwärmung lässt sich stoppen, aber über Jahrhunderte nicht rückgängig machen. Könnte man die CO_2-Emissionen plötzlich stoppen, bliebe das bereits erreichte Erwärmungsniveau dennoch über Jahrhunderte ungefähr gleich und würde nur sehr langsam zurückgehen (Antwort auf FAQ 12.3, Kapitel 12 des Beitrags von Arbeitsgruppe I zum Fünften Weltklimabericht [Collins et al. 2013]).

Jede Tonne CO_2, die wir emittieren, erhöht die globale Temperatur um ungefähr den gleichen Betrag. Abbildung 1 zeigt, dass das zu einem bestimmten Zeitpunkt erreichte Erwärmungsniveau praktisch linear von der Gesamtmenge der CO_2-Emissionen bis zu diesem Zeitpunkt abhängt. Dieser Zusammenhang ist nahezu unabhängig vom betrachteten Emissionsszenario. Das bedeutet, dass jede Tonne CO_2, die emittiert wird, die globale Temperatur immer um denselben Betrag ansteigen lässt.

Nur wenn wir die Emissionen auf Null reduzieren, können wir die globale Erwärmung stoppen. Diese Schlussfolgerung ergibt sich direkt aus der vorigen Aussage, basiert auf einer großen Anzahl von Modellsimulationen, bestätigt sich schon über viele Jahre und wurde zuletzt auch im IPCC-Sonderbericht über die Folgen einer globalen Erwärmung um 1,5 C erneuert (Rogelj et al. 2018).

4 Individuelle und gesellschaftliche Verantwortung

Der oben beschriebene Budgetansatz (das erreichte Temperaturniveau ergibt sich linear aus der Gesamtsumme der Emissionen bis zum betrachteten Zeitpunkt. Jede emittierte Tonne CO_2 führt zur ungefähr gleichen globalen Erwärmung) besagt natürlich, dass sich die globale Erwärmung nur stoppen lässt, wenn global die Emissionen auf null reduziert werden. Ein Land alleine kann die Erwärmung nicht begrenzen. Trotz dieser gemeinsamen Verantwortung für den Klimawandel und dessen Folgen entlässt der oben beschriebene physikalische Zusammenhang uns nicht aus einer ganz individuellen Verantwortung, da jede individuell emittierte Tonne ihren Anteil hat an der Erhöhung der atmosphärischen CO2-Konzentration über sehr lange Zeit und der globalen Temperaturänderung über Hunderte von Jahren. Damit tragen wir mit jeder emittierten Tonne CO2 auch eine „physikalische" Verantwortung für die Folgen. So wurde z. B. auch für den beobachteten Rückgang des arktischen Meereises im September ein enger Zusammenhang mit den kumulativen CO2-Emissionen nachgewiesen, der es erlaubt abzuschätzen, dass mit jeder Tonne CO2 ein Rückgang des Meereises von $3 \pm 0.3\ km^2$ verbunden ist (Notz und Stroeve 2016).

An diese Frage der „physikalischen", individuell gleichen Verantwortung schließt sich natürlich eine Frage nach der gesellschaftlichen Verantwortung an. Bin ich tatsächlich individuell persönlich verantwortlich, wenn ich die CO2-Emissionen nicht individuell vermeiden kann, da ich dienstlich fliegen muss, zur Miete wohne und die Heizung nicht eigenständig umbauen kann? Liegt die Verantwortung auf nationaler politischer Ebene, wo ein bestimmter „Energiemix" gefördert wird und eine Umstrukturierung z. B. durch eine CO2-Bepreisung beschlossen werden könnte? Industriestaaten haben einen Entwicklungsvorsprung und müssen deshalb mehr tun?

All diese Fragen gehen über den rein physikalischen Zusammenhang hinaus. Sie können uns nicht aus der individuellen „physikalischen Verantwortung" entlassen, sind aber wichtig, um eine Lösung für das Emissionsproblem zu finden.

Literatur

Abatzoglou, John T. und A. Park Williams. 2016. „Impact of anthropogenic climate change on wildfire across western US forests." *Proceedings of the National Academy of Science* 113: 11770 – 11775. https://doi.org/10.1073/pnas.1607171113

Andela, Niels, Morton, Douglas C., Giglio, Louis et al. 2017. „A human-driven decline in global burned area." *Science* 356: 1356 – 1362. https://doi.org/10.1126/science.aal4108

Collins, Matthew, Knutti, Reto, Arblaster, Julie et al. 2013. „Long-term Climate Change: Projections, Commitments and Irreversibility." In *Climate Change 2013 – The Physical Science Basis. Contribution of Working Group I to the Fifth Assessment Report of the Intergovernmental Panel on Climate Change*, hg. von Thomas F. Stocker, Dahe Qin, Gian-Kasper Plattner et al., 1029 – 1136. Cambridge: Cambridge University Press.

Coumou, Dim, Lehmann, Jascha und Johanna Beckmann. 2015. „The weakening summer circulation in the Northern Hemisphere mid-latitudes." *Science* 348: 324 – 327. https://doi.org/10.1126/science.1261768

Cramer, Wolfgang, Yohe, Gary W., Auffhammer, Maximilian et al. 2014. „Detection and attribution of observed impacts." In *Climate Change 2014: Impacts, Adaptation, and Vulnerability*, Part A: *Global and Sectoral Aspects. Contribution of Working Group II to the*

Fifth Assessment Report of the Intergovernmental Panel on Climate Change, hg. von Christopher B. Field, Vicente R. Barros, David J. Dokken et al. Cambridge/New York: Cambridge University Press.

Frieler, Katja, Meinshausen, Malte, Golly, Antonius et al. 2013. „Limiting global warming to 2 ° C is unlikely to save most coral reefs." *Nature Climate Change* 3: 165–170. https://doi.org/10.1038/nclimate1674

Hughes, Terry P., Anderson, Kristen D., Connolly, Sean R. et al. 2018. „Spatial and temporal patterns of mass bleaching of corals in the Anthropocene." *Science* 359: 80–83. https://doi.org/10.1126/science.aan8048

Hughes, Terry P., Kerry, James T., Álvarez-Noriega, Mariana et al. 2017. „Global warming and recurrent mass bleaching of corals." *Nature* 543: 373–377. https://doi.org/10.1038/nature21707

IPCC 2013. „Summary for Policymakers." In *Climate Change 2013: The Physical Science Basis. Contribution of Working Group I to the Fifth Assessment Report of the Intergovernmental Panel on Climate Change*, hg. von Thomas F. Stocker, Dahe Qin, Gian-Kasper Plattner et al. Cambridge/New York: Cambridge University Press.

IPCC SROCC 2019. „Summary for Policymakers." In *IPCC Special Report on the Ocean and Cryosphere in a Changing Climate*, hg. von Hans-Otto Pörtner, Debra C. Roberts, Valérie Masson-Delmotte et al.

Lehmann, Jascha, Coumou, Dim. 2015. „The influence of mid-latitude storm tracks on hot, cold, dry and wet extremes." *Scientific Reports* 5: 17491. https://doi.org/10.1038/srep17491

Lehmann, Jascha, Coumou, Dim and Katja Frieler. 2015. „Increased record-breaking precipitation events under global warming." *Climatic Change* 132: 501–515. https://doi.org/10.1007/s10584-015-1434-y

Leifert, Harvey. 2015. Sea Level Rise Added $2 Billion to Sandy's Toll in New York City. EOS 96.

Marshall, Shawn. 2014. „Glacier retreat crosses a line." *Science* 345: 872–872. https://doi.org/10.1126/science.1258584

Miralles, Diego G., Teuling, Adriaan J., van Heerwaarden, Chiel C. and Jordi Vilà-Guerau de Arellano. 2014. „Mega-heatwave temperatures due to combined soil desiccation and atmospheric heat accumulation." *Nature Geoscience* 7: 345–349. https://doi.org/10.1038/ngeo2141

Notz, Dirk und Julienne Stroeve. 2016. „Observed Arctic sea-ice loss directly follows anthropogenic CO2 emission." *Science* 354: 747–750. https://doi.org/10.1126/science.aag2345

Oliver, Eric C.J., Perkins-Kirkpatrick, Sarah E., Holbrook, Neil J. and Nathaniel D. Bindoff. 2018. „Anthropogenic and natural influences on record 2016 marine heat waves." In *Explaining Extreme Events of 2016 – From a Climate Perspective.* Special Supplement to the Bulletin of the American Meteorological Society. American Meteorological Society.

Rogelj, Joeri, Shindell, Drew, Jiang, Kejun et al.2018. „Mitigation Pathways Compatible with 1.5 °C in the Context of Sustainable Development." In *Global Warming of 1.5 °C.* An IPCC Special Report on the Impacts of Global Warming of 1.5 °C above Pre-Industrial Levels and Related Global Greenhouse Gas Emission Pathways, in the Context of Strengthening the Global Response to the Threat of Climate Change, Sustainable Development, and Efforts to Eradicate Poverty, 93–163. Potsdam: PIK.

Zemp, Michael, Huss, Matthias, Thibert, Emmanuel et al. 2019. „Global glacier mass changes and their contributions to sea-level rise from 1961 to 2016.“ *Nature* 568: 382 – 386. https://doi.org/10.1038/s41586-019-1071-0

Jörg Niewöhner

Sozialökologischer Zusammenhalt

Ein sozialanthropologischer Einwurf zur Situiertheit der Klimafolgenforschung

1 Das Dilemma: Klimafolgenforschung als Forschung von ‚denen da oben'

Gesellschaftlicher Zusammenhalt muss im Anthropozän als sozialökologischer Zusammenhalt konzipiert werden. Denn ein wichtiges Versprechen moderner Entwicklung – kontinuierliches sozio-ökonomisches Wachstum und Konsum auf der Basis nichterneuerbarer Ressourcen – kann aufgrund planetarer Grenzen (Steffen et al. 2018) nicht gehalten werden. Dieses Versprechen hat aber auch den zentralen Dimensionen gesellschaftlichen Zusammenhalts zugrunde gelegen: Soziale Inklusion, soziales Kapital und soziale Mobilität müssen daher unter Bezug auf eben diese planetaren Grenzen neu ausgehandelt werden. (vgl. Latour 2018) Dieser Prozess hat begonnen. Dabei werden planetare Grenzen häufig als außergesellschaftliche, ‚natürliche' Phänomene diskutiert, die gesellschaftlicher Entwicklung einen weitestgehend unverhandelbaren Rahmen setzen. In dieser Sichtweise repräsentieren die Naturwissenschaften in einem ersten Schritt den Planeten, bevor in einem zweiten Schritt Gesellschaften weltweit die Konsequenzen dieser Erkenntnis diskutieren. Normative Debatten über die Frage, wie ‚wir' leben können und sollen, setzen meist erst im zweiten Schritt ein. Ich möchte hier dafür plädieren, den ersten Schritt, nämlich die Ermittlung der planetaren Grenzen selbst bzw. allgemeiner wissenschaftliche Praxis, zum Gegenstand gesellschaftlicher Auseinandersetzung zu machen. Planetare Grenzen müssen nicht als außergesellschaftliches natürliches Phänomen verstanden werden. Vielmehr werden sie in wissenschaftlicher Praxis, allen voran der Erdsystemwissenschaft als Teil der Klimafolgenforschung, konzeptualisiert und errechnet. Sie stellen damit das Ergebnis eines Konstruktionsprozesses dar, in dem physische Umwelt[1] und soziale Wissenspraktiken gemeinsam agieren. Erst so bestimmt sich die Sinnhaftigkeit dieser Grenzen *für die Menschen* und als solche sind sie aushan-

1 Physische Umwelt muss im Anthropozän immer als bereits anthropogenisierte Umwelt verstanden werden, d. h. als Natur, die immer schon durch menschliches Handeln berührt ist.

https://doi.org/10.1515/9783110713084-004

delbar. Die enorme Tragweite dieses Aushandlungsprozesses macht dies zu einer gesamtgesellschaftlichen Aufgabe.

Daher muss die Entwicklung beunruhigen, dass Erkenntnisse der Klimafolgenforschung in öffentlichen Diskursen immer wieder abgetan oder ignoriert werden. Dafür gibt es viele Gründe und diese empirisch fundiert zu verstehen, stellt eine wichtige Aufgabe für die Sozialwissenschaften dar. Mich interessiert hier nur eine Figur in diesem problematischen Diskurs: Klimaforschung, so hört und liest man immer wieder, wird letztlich auch nur von ‚denen da oben' betrieben. Was soll da schon herauskommen. Jedenfalls nichts für ‚uns'. Im Zweifel sind das auch nur wieder gesellschaftliche Eliten – Akademiker eben –, die doch nur ihre Eigeninteressen verfolgen. Die Klimafolgenforschung reagiert auf diese (und ähnliche) Anwürfe, in dem sie voll und ganz auf die Produktion von Objektivität setzt: mehr Daten und Analysen, mehr Modellvergleiche, mehr Transparenz in der Kommunikation der Unsicherheiten und Belastbarkeit der Befunde, vor allem was zukünftige Entwicklungen angeht. Hier nun wird das Dilemma sichtbar: Mehr Aufwand auf Seiten der Wissenschaft verringert die Bereitschaft in Teilen der Bevölkerung, die Ergebnisse zur Kenntnis zu nehmen. Denn wer Wissenschaft als Veranstaltung von ‚denen da oben' wahrnimmt, lässt sich von noch umfangreicherem Wissen nicht beeindrucken, sondern wird bestärkt in der Auffassung, dass für ‚uns' hier nichts zu holen ist. Einerseits ist also eine globale Wissensinfrastruktur zum Verständnis von Klimafolgen vonnöten. (Edwards 2017) Andererseits ist es gerade diese globale Infrastruktur, die Klimafolgenforschung für Viele unnahbar macht. Die spaltende Rahmung ‚wir hier unten/die da oben' oder auch einfach nur ‚wir/die', denn die hierarchische Dimension scheint mir nur ein Teilaspekt zu sein, ist hochproblematisch. Denn sie verhindert, erstens, dass die Debatte darüber, in was für einer Welt wir leben können und wollen, als gesamtgesellschaftliche Debatte geführt werden kann. Zweitens reproduziert sie moderne Unterscheidungen von Natur und Kultur, Mensch und Umwelt, und verhindert damit die im Anthropozän notwendige Problematisierung von gesellschaftlichem Zusammenhalt als sozialökologisch.

Was also kann die Klimafolgenforschung tun, um einen Beitrag dazu zu leisten, dass sozialökologischer Zusammenhalt als Grundvoraussetzung für einen gesamtgesellschaftlichen Transformationsprozess durch die Forschung befördert und nicht erodiert wird? Ich möchte im Folgenden aus sozialanthropologischer Sicht zunächst vorschlagen, wissenschaftliches Wissen über Klimafolgen als *situiert* zu begreifen. Dies ermöglicht es, die Normativität wissenschaftlicher Praxis selbst greifbar zu machen und damit Wissenschaft als Teil von Gesellschaft zu sehen – ein erster Schritt, um ‚wir/die'-Ressentiments zu überwinden. Danach möchte ich in aller Kürze zwei weitere Schritte vorschlagen: Im Abschnitt zu ‚Wissensökologien' diskutiere ich, welche Formen von Wissen und Erfahrung eigentlich in Klimaforschung einfließen sollten. Im Schlussabschnitt ‚when they read what we write' zeige ich anhand einer anthropologischen Diskussion, dass Klimafolgenforschung versuchen sollte, nicht über Gesellschaften zu reden, sondern mit ihnen, um so ein gesamtgesellschaftliches Verantwortungsgefühl für globales Klimawissen herzustellen.

2 Situiertes Wissen bettet Wissenschaft in Gesellschaft ein

Klimafolgenforschung verfolgt die Strategie, durch objektiveres Wissen Politik und Gesellschaft zum Handeln zu bewegen. Dies ist nur allzu verständlich. Es ergeben sich hieraus allerdings zwei Probleme: Erstens bleiben wissenschaftliche Fakten kontingente „robust alignments" von Theorie, Experiment und Welt. (z. B. Pickering 1995) Zweifel und Nichtwissen sind notwendiger Bestandteil von Wissenschaft, die Fakten nur falsifizieren kann. Wissenschaft muss zu jedem Zeitpunkt Skepsis organisieren und sie tut daher gut daran, eine enge Verbindung zu erhalten zwischen lösungsorientierter Forschung und Forschung, die hinterfragt, ob wir überhaupt nach Lösungen für das richtige Problem suchen. Zweitens liegt der Klimafolgenforschung ein Verständnis von Wissenschaft und Gesellschaft als getrennte Sphären zu Grunde. Objektivität wird somit als standpunktloser Standpunkt konzipiert. Ein solcher ‚view from nowhere' (Nagel 1986) tut so, als gäbe es ‚da draußen' ein Erdsystem, das objektiv repräsentiert werden könnte. Wissenschaft gewissermaßen als ‚bescheidener Zeuge' (Haraway 1997), der die komplexen klimatischen Veränderungen und ihre Folgen lediglich abbildet, statt sie mit zu konstruieren. Dieser Sicht haben die feministische Kritik und die *science and technology studies* schon früh die Alternative des *situated knowledge* (Haraway 1988) entgegengehalten.

Wissen als situiert zu verstehen bedeutet anzuerkennen, dass Wissenspraktiken entscheidungsgeladen sind. Wissen über Klimafolgen spiegelt nicht einfach die Welt in Gänze, sondern vereinfacht sie, um innerhalb dieser vereinfachten Welt Wirkungszusammenhänge zu erklären. Dies gilt in gleicher Weise für jede andere Form von wissenschaftlichem Wissen. Die notwendigen Reduktionsschritte verlangen in der konkreten Praxis wissenschaftlichen Handelns Entscheidungen: Zunächst die Entscheidung, geophysische und -chemische Prozesse überhaupt als Systeme zu fassen. Systemgrenzen werden festgelegt. Prozesse und Elemente werden ausgewählt. Parameter gewählt, um diese zu operationalisieren. Welche Daten sind verfügbar und wie belastbar sind sie? Welche Berechnungsmethoden werden verwendet? All diese Entscheidungen müssen im Forschungsalltag getroffen werden. Daraus ergeben sich die Unsicherheiten der Modelle. Dies gilt für Modelle, deren Ziel es ist, vergangene Systemdynamiken abzubilden. Es gilt umso mehr für Modelle, die zukünftige Entwicklungen vorhersagen.

Wissenschaftliche Wissenspraktiken zwingen die Forschung also zu einer Vielzahl von Entscheidungen. Ohne Entscheidungen dieser Art kein wissenschaftliches Wissen. Das Konzept der Situiertheit wissenschaftlichen Wissens besagt nun, dass diese Entscheidungen nicht in abstrakten Denkräumen, sondern in konkreten historischen und sozialen Kontexten getroffen werden. Im Forschungsalltag spielen dabei mehr Faktoren eine Rolle, als in den gereinigten Veröffentlichungen explizit gemacht wird. (z. B. Latour 1999; Latour and Woolgar 1986) Gabriele Gramelsberger und andere haben beispielsweise für Klimamodelle gezeigt, wie Wissenschaftler*innen im Spannungsfeld von wissenschaftlichen Ansprüchen und sozio-politischen Erwartungen agieren müssen. (z. B. Gramelsberger and Feichter 2011) Diese Spannung hat sich in den letzten Jahren enorm zugespitzt. Das Pariser Klimaabkommen und die Fridays for Future Bewegung haben den öffentlichen Druck auf die Politik rasch erhöht, eine nachhaltigere politische Grundrichtung einzuschlagen. Dies bringt Erwartungen an Wissenschaft mit sich, Lösungen und mögliche Entwicklungspfade anzubieten. Diese Erwartungen sind greifbar im Wissenschaftsalltag. Man möchte die Gelegenheit nicht verstreichen lassen, die Forderungen, die sich aus der eigenen Forschung ergeben, politisch umgesetzt zu sehen. Daher werden verfügbare Ressourcen auf das Finden von Antworten auf die drängendsten politischen Fragen konzentriert. Diese Verschiebung stellt den sozio-politischen Kontext dar, in dem in der Forschung Entscheidungen getroffen werden müssen. Die Situiertheit von wissenschaftlichem Wissen anzunehmen, bedeutet also nichts anderes als anzuerkennen, in welchen konkreten Situationen, von welchen Personen, in welchen institutionellen und politisch-ökonomischen Strukturen und in welchen (historischen) Momenten Entscheidungen getroffen werden.

Situiertes Wissen besagt, dass jeder wissenschaftliche Fakt immer nur „partial“ sein kann, d. h. unvollständig und parteiisch oder voreingenommen. (Haraway 1988) Dies ist unter keinen Umständen zu verwechseln mit Willkür. Auch folgt daraus nicht, dass Kriterien wissenschaftlicher Qualität plötzlich keine Gültigkeit mehr besäßen. Das Konzept der „feministischen Objektivität“, wie Donna Haraway (1988) es nennt, möchte vielmehr in aller Bescheidenheit dazu anregen, jegliche wissenschaftliche Fakten immer in ihren Entstehungskontexten zu verstehen. Dies ist derzeit von besonderer Bedeutung, da die Klimafolgenforschung versucht, Erdsystemmodellierung auf die Anthropo- bzw. Technosphäre auszuweiten, d. h. menschliches, soziales und gesellschaftliches Handeln in die Berechnung von erdsystemischen Dynamiken miteinzubeziehen. Die Entstehungskontexte von Klimafolgenwissen sind damit gleichzeitig auch ihr Forschungsobjekt. Dieser spezifischen Form von Reflexivität versucht man durch agentenbasierte und andere nicht-lineare Modelliertechniken beizukommen, die es ermöglichen, soziale Makroprozesse als emergente Phänomene abzubilden. Dies ist Forschung mit hohem heuristischem Wert. Sie ruht aber eben immer noch zum Großteil auf einer spezifischen Trennung von Wissenschaft und Gesellschaft. Wirft man beispielsweise einen Blick in das aktuellste Sondergutachten des Sachverständigenrats für Umweltfragen (SRU 2019), so findet sich dort die klare Feststellung, dass planetarische Belastungsgrenzen (Rockström et al. 2009; Steffen et al. 2015; Steffen et al. 2018) nur im Wege der demokratischen Willensbildung konkret definiert werden können. Unangetastet von dieser demokratischen Willensbildung bleibt allerdings die Art und Weise, dass und wie diese planetarischen Belastungsgrenzen als Problematisierung überhaupt erst in die Welt kommen. Die Entscheidungen, Unsicherheiten und Wertungen, die diesem Konzept zu Grunde liegen, werden in einem ersten, separaten Schritt innerwissenschaftlich verhandelt. Aus strategischer Sicht dürfte es sinnvoll sein, in einem Gutachten für politische Entscheidungsträger keine Grundsatzfragen über das Verhältnis von Wissenschaft und Gesellschaft zu diskutieren. Außerdem spricht Vieles dafür, diese Aufgabenteilung beizubehalten. Es wurde im 20. Jahrhundert hart darum gekämpft, die Unabhängigkeit von Wissenschaft herzustellen und zu erhalten. Die Probleme, die entstehen können, wenn teilöffentliche Interessen steuernd in die Entwicklung von wissenschaftlicher Forschung eingreifen, sind beispielsweise für Patient*innenorganisationen gut dokumentiert. (Rabeharisoa and Callon 2002)

Gleichzeitig sind aber auch Probleme dieser Engführung des Verhältnisses von Wissenschaft und Gesellschaft augenfällig. Die notwendige Unabhängigkeit von Wissenschaft birgt immer auch das Risiko, wissenschaftliche Praxis von gesellschaftlichem Alltag zu entfremden und damit anti-akademischen Ressentiments Vorschub zu leisten. Denn in Deutschland ist wohl die Gerichtsbarkeit, speziell das Bundesverfassungsgericht, die letzte Institution, die gesellschaftliches Vertrauen genießt, ohne dass dafür öffentliche Einsicht in ihre Arbeitspraxis gefordert würde.[2] Hier liegt die Verbindung zwischen Anti-Akademismus und situiertem Wissen. Der allzu verständliche Versuch des Rückzugs der Wissenschaft auf das sicherere Terrain der Objektivität im Angesicht von *post-truth* Debatten (Boyer 2019) sichert zwar einerseits die Glaubwürdigkeit von Wissenschaft als nicht offensichtlich politisierter Praxis. Sie führt aber gleichzeitig dazu, dass

2 Doch selbst hier ändern sich die Zeiten, wie der Fernsehauftritt des ehemaligen Bundesverfassungsgerichtspräsidenten Andreas Voßkuhle in einer Bürger*innenbefragung zeigt.

sich Wissenschaft und Gesellschaft weiter voneinander entfernen. Situiertes Klimafolgenwissen, d. h. Wissen, dem die konkreten Bedingungen seiner Entstehung noch anhaften, birgt hingegen das Potenzial, Brücken in gesellschaftliche Alltage zu schlagen. Wenn deutlich wird – und dies ist meine feste Überzeugung –, wenn deutlich wird, wer wie mit welchem Aufwand und auch mit welchem persönlichen Einsatz an Erdsystemmodellen arbeitet und welches Handwerk letztlich hinter Versuchen der Objektivierung steckt, dann trägt dies dazu bei, dass Wissenspraktiken nahbarer und nachvollziehbarer werden. Es entsteht so eine Form situierter Objektivität als ein *view from somewhere.* Eine solche Offenheit führt gerade nicht dazu, dass dieses Wissen als bloßer Ausfluss von auf partiellen Interessen ruhenden Meinungskartellen verstanden wird. Denn es macht deutlich, wie ‚Fakten' gemacht werden, welcher Aufwand vonnöten ist und wie konkreter wissenschaftlicher Alltag organisiert ist, um die Falsifizierung von Befunden zu ermöglichen; und auch, dass sich Wissenschaft aus unterschiedlichsten Individuen zusammensetzt und es im Prinzip jedem freisteht zu versuchen, alternative *robust alignments* zu produzieren.

3 Wissensökologien

Die Situierung von Wissen ermöglicht es also, wissenschaftliche Praxis stärker als bisher als Teil von gesellschaftlichem Alltag zu verstehen. Der Ansatz bietet damit die Möglichkeit, problematische ‚wir/die'-Narrative und Wahrnehmungsmuster zu überwinden, die es derzeit in manchen Kontexten erschweren, wissenschaftliches Wissen als legitimen Debattenbeitrag zu betrachten. Dies wirft aber die Frage auf, welchen Status wissenschaftliches Wissen in gesellschaftlichen Debatten einnimmt und welche Rolle anderes Wissen spielen kann? Das aktuelle Sondergutachten des Sachverständigenrates (2019, 61) bezieht dazu Stellung:

> Zwar ist in demokratisch verfassten Gesellschaften die Festlegung der einzuhaltenden Grenzen des Wandels das Ergebnis offener Zielsetzungsprozesse, insbesondere da sie erhebliche politische, ökonomische und technologische Folgen nach sich zieht. Dies kann jedoch nicht bedeuten, dass die Grenzsetzung in Absehung von der wissenschaftlichen Faktenlage erfolgen kann und insofern beliebig zu entscheiden wäre. Aus erdsystem-wissenschaftlicher Sicht ist jede Entscheidung mit konkreten, erforschbaren Risiken verbunden, die nur eingeschränkt zur außerwissenschaftlichen Disposition stehen können. Auf diese Weise ist die Wissenschaft, hier die Erdsystemanalyse, ein entscheidendes Instrument der evidenzbasierten demokratischen Willensbildung.

Dies leuchtet unmittelbar ein. Denn wenn planetare Grenzen gesellschaftliche Handlungsspielräume signifikant einschränken, dann muss eine Gesellschaft sich darüber verständigen, mittels welcher Maßnahmen Freiheitsgrade erhalten werden sollen. Dazu ist es ratsam, sowohl die Grenzen selbst als auch die Wirksamkeit von Maßnahmen zu ihrer Einhaltung möglichst gut zu verstehen. Dieses Verständnis kann nur von Wissenschaft selbst, derzeit allen voran der Erdsystemwissenschaft, befördert werden. Diese Position scheint in einer spätmodernen Wissensgesellschaft offensichtlich vernünftig.

Sie wirft allerdings die Frage auf, welche Formen von Wissen einbezogen werden, um die Evidenzbasis zu ermitteln, an der demokratische Willensbildung ansetzt. Spätmoderne Wissensökonomien haben eine deutliche Tendenz, Evidenz an das Wirken von Rationalität und Vernunft in der Praxis der Wissensproduktion zu knüpfen. Rationalität und Vernunft stehen dabei in aufklärerischer Tradition westlicher Moderne und bezeichnen richtiges, d. h. vernünftiges, effizientes und effektives Handeln, das Entscheidungen meist auf der Basis von Ursache-Wirkung-Ketten nachvollziehbar begründen kann. Wissenschaftliches Handeln sollte immer vernünftiges Handeln sein. Es gibt sehr gute Gründe, politisches und gesellschaftliches Handeln an diesem Verständnis von Rationalität und Vernunft zu messen. Ich möchte aber festhalten, dass auch dieses Verständnis kontingent und historisch wie kulturell situiert ist. Es hat sich weltweit derart durchgesetzt, dass diese Spezifik aus dem Blick geraten ist. Ein Blick in die sozial- und kulturanthropologische Literatur zeigt jedoch, dass Rationalität im Spannungsfeld von Wissenschaft, Religion und Magie sowohl in unterschiedlichen historischen Epochen wie auch in verschiedenen kulturellen Praxiskontexten unterschiedlichst verstanden und ausgehandelt wurde. (Tambiah 1990) Nun könnte man fragen, warum das von Belang sein soll, da wir nun einmal in einer aufgeklärten Gegenwart leben. Darauf gilt es zwei Dinge zu entgegnen: Erstens sind planetare Grenzen von globalem Belang, d. h. es gilt auch diejenigen Wissens- und Erfahrungsbestände mit einzubeziehen, die parallel zur westlichen Perspektive ihre Existenz bewahrt haben. Beispielsweise wird derzeit in der Anthropologie die Kosmologie vieler Gruppen in Amazonien lebhaft diskutiert, die sich mit ihrer multinaturalistischen Ontologie grundlegend vom westlichen Verständnis von *einer* Natur und vielfältiger Kultur unterscheidet. (Viveiros de Castro 2012) Differenzen von ähnlicher Qualität sind für den ontologischen Status von Wasser für *First Nations* Gruppen in der Region der Großen Seen der Vereinigten Staaten und Kanada dokumentiert (Linton 2010); oder für die Verbindung zu ‚*land*' und ‚*country*' bei vielen *aboriginal* Gruppen Australiens. (Kwaymullina 2005) Die Liste dieser alternativen Ontologien, Epistemologien und kulturellen Wahrnehmungsmuster ist sehr lang. Diese alternativen Arten und Weisen in-der-Welt-zusein, Welt zu verstehen und Welt mit herzustellen (‚worlding' s. Tsing 2010; Tsing,

Mathews, and Bubandt 2019) bieten häufig auch alternative Erklärungen und Umgangsweisen mit der derzeitigen ökologischen Situation an. Dabei stehen sie nicht notwendig westlicher Wissenschaft entgegen, sondern existieren parallel, als hybride Formen oder mit einem Gültigkeitsanspruch nur für bestimmte Lebensbereiche. (s. bereits Evans-Pritchard 1937) In einem Verständnis von Wissen als situiert treten diese Wissens- und Erfahrungsformen in einen gleichberechtigten Dialog mit der Klimafolgenforschung. Sie sind dieser nicht untergeordnet. Westliche Wissenschaft und das, was häufig als indigenes Wissen bezeichnet wird, muss sich in einem ersten Schritt gegenseitig zur Kenntnis nehmen, anerkennen und verstehen. Dies allein ist schon sehr schwierig, da die jeweils andere Sicht den Beteiligten häufig grundlegend fremd und nicht ohne weiteres nachvollziehbar ist. In einem zweiten Schritt stellt sich dann die Frage, wie diese Wissens- und Erfahrungsformen miteinander umgehen können. Dabei gibt es grundsätzlich zwei Möglichkeiten: Erstens können die jeweiligen Wissensformen ihre Sicht auf die Welt bzw. Epistemologie vertreten, um dann darüber zu diskutieren, wo man sich einig ist, wo es Differenzen gibt, und wie man diese vielleicht auflösen könnte. Man könnte dies als epistemologischen Pluralismus bezeichnen, der hier aber nicht nur auf die Epistemologien verschiedener wissenschaftlicher Disziplinen abhebt (Miller et al. 2008), sondern auf kulturell differente Epistemologien. (Mignolo 2011) Zweitens könnte man versuchen, die Epistemologien miteinander zu verschränken. Konkret hieße dies zu versuchen, Entscheidungen in der Praxis der Klimafolgenforschung aus der Sicht alternativer Epistemologien zu treffen. Zum Beispiel könnte man ausprobieren, wie Systemdynamiken sich verändern würden, wenn Systemgrenzen anders gezogen würden, weil man mit einem anderen Naturbegriff agiert. Dies scheint aus Sicht westlicher Wissenschaft zunächst schwierig, aber nichts anderes haben indigene Gruppen über Jahrhunderte und bis heute gemacht (bzw. machen müssen), wenn sie ihnen zunächst fremde westliche Wissenschaft in ihre eigene Weltsicht inkorporiert haben. Erschwert werden beide Wege durch die Tatsache, dass es sich bei vielen alternativen Wissens- und Erfahrungsformen eben nicht ‚nur' um Epistemologien, also Perspektiven auf Welt handelt, sondern um Ontologien, d. h. um grundlegend andere Formen in-der-Welt-zu-sein. (Lynch 2013; Mol 1999, 2002)

Wie wir mit derartigem epistemologischem Pluralismus bzw. mit ontologischer Multiplizität wissenschaftlich umgehen sollen, ist noch weitgehend unklar. Vielleicht stellt sich heraus, dass sich westliches wissenschaftliches Denken am besten eignet, um diese Differenzen abzubilden und auszuhandeln – vielleicht aber auch nicht. In jedem Fall ist zu beachten, dass es bereits eine rechtfertigungsbedürftige Asymmetrie darstellt, den Aushandlungsprozess selbst nach westlichen Kriterien zu gestalten. (Verran 2013)

Analog zu dieser globalen Problemlage stellt sich aber auch für Kontexte in Deutschland die Frage, wie sich lokale Wissens- und Erfahrungsformen zur Klimafolgenforschung verhalten. Hier liegen vielleicht keine fundamentalen ontologischen Differenzen vor. Häufig wissen wir aber sehr wenig über gesellschaftliche Naturverhältnisse und ihre sozialen und kulturellen Differenzierungen in konkreten Alltagen außerhalb der üblichen verdächtigen Milieus. Statt also Klimafolgenforschung abseits gesellschaftlicher Praxis zu betreiben und ihre Ergebnisse dann dem demokratischen Diskurs auszusetzen, täten wir gut daran, Klimafolgenforschung in eine breitere Wissensökologie zu integrieren. Erdsystemmodelle partizipativ zu gestalten ist schwierig. Wenn man sich aber bspw. die aktuelle Diskussion zu sozialen Kipppunkten (z. B. Otto et al. 2020) vergegenwärtigt, wird rasch deutlich, wie stark hier Vorstellungen von ‚normaler' gesellschaftlicher Dynamik, von Wertvorstellungen und von Naturverständnissen einfließen. Es wäre sehr interessant, diese Überlegungen und die auf ihnen basierenden Modellanstrengungen, sozialen und kulturellen Differenzen auszusetzen, sie also bewusst unterschiedlich zu situieren. Prinzipiell gilt dies auch für die geophysischen Elemente von Erdsystemmodellen. Hier ist klassische Partizipation sehr voraussetzungsreich. Es wäre daher wohl fruchtbarer, wenn Klimafolgenforschung sich mit Gesellschaft auseinandersetzte, um gegebenenfalls die Kontingenz der eigenen Entscheidungen besser einschätzen zu können. Die Klimafolgenforschung muss sich also vor Ort wie global dem epistemologischen Pluralismus und der ontologischen Multiplizität globaler sozialökologischer Transformationen stellen und darauf vertrauen, dass mittelfristig ein gerechter Aushandlungsprozess zu Ergebnissen führen wird, die sowohl planetare Grenzen in ihrer realen Handlungsträgerschaft anerkennen als auch gangbare Lösungswege identifizieren, hinter denen sich demokratische Mehrheiten versammeln können.

4 Wenn sie lesen, was wir schreiben

„When they read what we write" ist der Titel eines zur Hochzeit postmoderner Debatten erschienenen kulturanthropologischen Sammelbandes. (Brettell 1993) Die Beiträge dieses Bandes setzen sich mit der Frage auseinander, was passiert, wenn Ethnographien, d. h. auf intensiver Feldforschung basierende Monographien über eine spezifische Gruppe von Menschen, von eben jenen Menschen gelesen werden, die Gegenstand der Forschung sind. Für die Sozial- und Kulturanthropologie hatte sich diese Frage bis hinein in die späten 1970er Jahre nicht in relevanter Weise gestellt, weil die Gruppen, über die geforscht wurde, meist die Sprache nicht lesen konnten, in der die Ethnographien verfasst wurden, oder sie praktisch keinen Zugang dazu hatten, weil sie lediglich in den Büros und Bibliotheken der Herkunftsländer der Ethnograph*innen verfügbar waren. Dies änderte sich rasch und aus vielen Gründen: Viele Gruppen wurden zunehmend in marktförmige Austauschbeziehungen mit westlichen Ländern integriert, die Alphabetisierung nahm zu, anthropologische Forschung richtete sich auch auf Gruppen und Phänomene ‚zu hause' und die mediale Verfügbarkeit von anthropologischen Texten veränderte sich. Die ethischen und politischen Dimensionen von Dekolonisierung, Modernisierung und Marktintegration möchte ich hier nicht weiter diskutieren. Es zeigte sich rasch, dass die Analysierten in vielen Fällen mit der Analyse ihrer eigenen Lebensweisen und kulturellen Praktiken keineswegs einverstanden waren. Dabei waren einfache faktische Ungenauigkeiten der Beschreibung keineswegs das eigentliche Problem. Vielmehr nahmen die ‚natives' Anstoß an anderen Dingen:

> [The people under study] may be aware of some errors of fact or interpretation that the academic observer has made, but generally and more significantly it is because the academic observer has interpreted things in a different way from what they would have done, or has emphasized different factors of the society, or has held up his mirror to reflect the society from an angle which the society is unaccustomed to. There is also often an understandable feeling that it was improper, impolite, or offensive for certain things which are considered highly personal or sacrosanct to be revealed openly, particularly in written form. (Crocombe 1976, 68, cited in Brettell 1993, 22)

Nun ist selbstverständlich Klimafolgenforschung keine ethnographische Forschung. Sie beruht meist nicht auf der sozial interaktiven Methode der teilnehmenden Beobachtung und führt daher auch nicht zum Aufbau von Vertrauen zwischen Beforschten und Forschenden über einen langen Zeitraum des Zusammenlebens hinweg. Jedoch spricht auch die Klimafolgenforschung zunehmend über andere Menschen und gesellschaftliche Praxis und dies auf zweifache Art und Weise. Die oben bereits benannte Forschung zu sozialen Kipppunkten reiht sich ein in ein weites Spektrum von Ansätzen, die versuchen, soziale Prozesse in ihrer Verbindung zu ökologischen Prozessen zu modellieren. Hier wird also versucht, ‚das Soziale' zu konzeptualisieren und modellfähig zu machen. In anderen Ansätzen, wie zum Beispiel den häufig verwendeten integrierten Bewertungsmodellen, werden hingegen sozioökonomische Pfade für Gesellschaften errechnet, die nicht mit tatsächlicher gesellschaftlicher Dynamik korrespondieren, sondern zeigen sollen, welcher Pfad zu welchen klimatischen Veränderungen führen könnte. Klimafolgenforschung macht also zum einen Aussagen über soziale Dynamiken, wie sie sind, und zum anderen normative Aussagen, wie sie sein sollten, um das Erdsystem vor dem Eintritt in unberechenbare Systemzustände und damit vor sozialökologischem Leid zu schützen. Je weniger Gesellschaften darauf reagieren, desto deutlicher werden immer drastischere Forderungen artikuliert.[3] Dies führt bei vielen Menschen vermehrt zu Reaktionen, die der oben beschriebenen ‚when they read what we write' gleichen. Es geht weniger darum, ob die Befunde im Einzelnen stimmen oder nicht. Der Stein des Anstoßes ist nicht die mangelnde Belastbarkeit oder Objektivität der Befunde, sondern der als ungerechtfertigt und überfordernd empfundene Eingriff in den eigenen Alltag. Im Vordergrund steht die Frage, ob es Wissenschaft überhaupt zusteht, ohne Kenntnisse der Sorgen und Nöte der Menschen fordernd über sie zu sprechen und zu urteilen. Der Eingriff wird als ungerechtfertigt wahrgenommen, weil er nicht auf einem Verständnis der Alltage der Menschen basiert und von diesem ausgeht, sondern auf aggregierten Wirtschafts- und Sozialdaten und damit ‚von oben herab' fordert. Es droht eine Reproduktion der ‚wir/die'-Rahmung.

Wenn die Forschung zur Verwaltung von Allmendegütern, zur Standortsuche für umstrittene Infrastrukturprojekte oder zu gesellschaftlichen Transformationsprozessen eines zeigt, dann dass sich ein solche konfrontative Rahmung nicht durch Fakten und einseitigen Wissenstransfer beseitigen lässt. (Bryan 2004; Lachapelle 2008; s. Smith et al. 2017) Vielmehr geht es immer darum, einen *sense of ownership* zu etablieren, d. h. ein gemeinsames Verantwortungsgefühl für ein Vorhaben. Dies gilt auch für die Klimafolgenforschung, denn ihr Wunsch, wenn nicht gar ihr Ziel, ist es ja, dass Menschen sozialökologische Verantwortung für ihre Alltage übernehmen. Dazu gehört aber eben auch, Verantwortung für die wissenschaftliche Problematisierung der derzeitigen Situation mit zu übernehmen und sie als integralen Bestandteil einer Arbeit an sozialökologischem Zusammenhalt zu verstehen. Dies geht weit über Wissenschaftskommunikation hinaus. Es geht für die Forschung und möglichst weite Teile von Gesellschaft darum, die jeweiligen Alltage in relevanter Weise nachzuvollziehen und darüber zu geteilten Problembeschreibungen und Handlungsmöglichkeiten zu kommen. Die transdisziplinäre Forschung vor allem in Deutschland ist hier bereits weite Wege gegangen. (z. B. Bergmann et al. 2016) Allerdings agiert sie meist auf einer lokalen Ebene und mit ‚stakeholdern' im engeren Sinne. Die Herausforderung

---

3 Dadurch entsteht zusätzlich zur Emissionslücke, also der Lücke zwischen Ist/Wird- und Soll/Darf-CO2-Ausstoß, auch noch eine Ambitionslücke, d. h. eine Lücke zwischen den ambitionierten Zielen, um die Staaten und Gesellschaften eigentlich wissen, und dem, was tatsächlich getan wird. Die Lücke zwischen Emission und Ambition wird insofern tragische Konsequenzen haben, als dass sie mit großer Wahrscheinlichkeit dazu führen wird, dass die Erde nicht in ein holozänartiges Anthropozän steuern wird (SRU, 2019). Einfacher gesagt: Viele Menschen werden leiden und sterben, wenn es nicht gelingt, einen Weg zu finden, die Emissionslücke zu adressieren. Da es derzeit keine technischen Lösungen gibt, bleibt nur der Weg über die Lebens- und Wirtschaftsweise.

liegt nun darin, dies für den globalen Kontext der Klimafolgenforschung auf verschiedene Öffentlichkeiten zu übertragen.

5 Zusammenfassung

Eine gesamtgesellschaftliche Transformation hin zu nachhaltigeren Lebens- und Wirtschaftsweisen kann nur ausgehend von sozialökologischem Zusammenhalt gelingen. Die Klimafolgenforschung muss zu diesem Zusammenhalt einen Beitrag leisten. Dies kann nur gelingen, wenn sie ihre eigenen Wissenspraktiken als situiert begreift. Nur so öffnet sie Wissenschaft für gesellschaftliche Teilhabe und nur so entsteht die Basis dafür, dass Menschen weltweit ein sozialökologisches Verantwortungsgefühl für Wissen über planetaren Umweltwandel entwickeln und damit die Basis für eine sozialökologische Transformation.

Literaturverzeichnis

Bergmann, Matthias, Thomas Jahn, Alexandra Lux, Emilia Nagy, und Martina Schäfer. 2016. „Wirkungsvolle transdisziplinäre Forschung: TransImpact untersucht transdisziplinäre Projekte.“ *GAIA-Ecological Perspectives for Science and Society* 25 (1): 59 – 60.

Boyer, Dominic. 2019. „Our Post-Post-Truth Condition.“ In *After Practice. Thinking through matter(s) and meaning relationally*, hg. v. Laboratory Anthropology of Environment|Human Relations, 83 – 90. Berlin: Panama.

Brettell, Caroline B., Hg. 1993. *When They Read What We Write. The Politics of Ethnography*. Westport: Bergin & Garvey.

Bryan, Todd A. 2004. „Tragedy averted: The promise of collaboration.“ *Society & Natural Resources* 17 (10): 881 – 896.

Edwards, Paul N. 2017. „Knowledge infrastructures for the Anthropocene.“ *Anthropocene Review* 4 (1): 34 – 43.

Evans-Pritchard, Edward E. 1937. *Witchcraft, oracles and magic among the Azande*. Oxford: The Clarendon Press.

Gramelsberger, Gabriele, und Johann Feichter. 2011. *Climate change and policy: The calculability of climate change and the challenge of uncertainty*. Berlin/Heidelberg: Springer Science & Business Media.

Haraway, Donna. 1988. „Situated knowledges: The science question in feminism and the privilege of partial perspective.“ *Feminist Studies* 14: 575 – 599.

Haraway, Donna. 1997. *Modest_Witness@Second_Millennium. FemaleMan_Meets_OncoMouse: feminism and technoscience*. New York: Routledge.

Kwaymullina, Ambelin. 2005. „Seeing the light: Aboriginal law, learning and sustainable living in country.“ *Indigenous Law Bulletin* 6 (11): 12.

Lachapelle, Paul. 2008. „A sense of ownership in community development: Understanding the potential for participation in community planning efforts." *Community development* 39 (2): 52–59.

Latour, Bruno. 1999. *Pandor's hope : essays on the reality of science studies.* Cambridge, Mass.: Harvard University Press.

Latour, Bruno. 2018. *Das terrestrische Manifest.* Frankfurt/M.: Suhrkamp Verlag.

Latour, Bruno, und Steve Woolgar. 1986. *Laboratory Life: The construction of scientific facts.* 2. Ausgabe. Princeton, NJ: Princeton University Press.

Linton, Jamie. 2010. *What is water?: The history of a modern abstraction.* Vancouver: UBC press.

Lynch, Michael. 2013. „Ontography: Investigating the production of things, deflating ontology." *Social Studies of Science* 43 (3): 444–462.

Mignolo, Walter. 2011. *The darker side of western modernity: Global futures, decolonial options.* Durham: Duke University Press.

Miller, Thaddeus R., Timothy D. Baird, Caitlin M. Littlefield, Gary Kofinas, F. Stuart Chapin III, und Charles L. Redman. 2008. „Epistemological pluralism: reorganizing interdisciplinary research." *Ecology and Society* 13 (2).

Mol, Annemarie. 1999. „Ontological politics. A word and some questions." *The Sociological Review* 47 (S1): 74–89.

Mol, Annemarie. 2002. *The body multiple: ontology in medical practice.* Durham: Duke University Press.

Nagel, Thomas. 1986. *The View from Nowhere.* New York: Oxford University Press.

Otto, Ilona M, Jonathan F Donges, Roger Cremades, Avit Bhowmik, Richard J Hewitt, Wolfgang Lucht, Johan Rockström, Franziska Allerberger, Mark McCaffrey, und Sylvanus SP Doe. 2020. „Social tipping dynamics for stabilizing Earth's climate by 2050." *Proceedings of the National Academy of Sciences.*

Pickering, Andrew. 1995. *The mangle of practice – time, agency & science.* Chicago: Chicago University Press.

Rabeharisoa, Vololona und Michel Callon. 2002. „The involvement of patients' associations in research." *International Social Science Journal* 54 (1): 57–63.

Rockström, Johan, Will Steffen, Kevin Noone, Asa Persson, F. Stuart Chapin, Eric F. Lambin, Timothy M. Lenton, Marten Scheffer, Carl Folke, Hans Joachim Schellnhuber, Bjorn Nykvist, Cynthia A. de Wit, Terry Hughes, Sander van der Leeuw, Henning Rodhe, Sverker Sorlin, Peter K. Snyder, Robert Costanza, Uno Svedin, Malin Falkenmark, Louise Karlberg, Robert W. Corell, Victoria J. Fabry, James Hansen, Brian Walker, Diana Liverman, Katherine Richardson, Paul Crutzen, und Jonathan A. Foley. 2009. „A safe operating space for humanity." *Nature* 461 (7263): 472–475.

Smith, Joe, Robert Butler, Rosie J Day, Axel H Goodbody, David H Llewellyn, Mel Rohse, Bradon T Smith, Renata A Tyszczuk, Julia Udall, und Nicola M Whyte. 2017. „Gathering around stories: Interdisciplinary experiments in support of energy system transitions." *Energy research & social science* 31: 284–294.

SRU. 2019. *Demokratisch regieren in ökologischen Grenzen – Zur Legitimation von Umweltpolitik. Sondergutachten.* Sachverständigenrat für Umweltfragen (Berlin).

Steffen, Will, Katherine Richardson, Johan Rockström, Sarah E. Cornell, Ingo Fetzer, Elena M. Bennett, Reinette Biggs, Stephen R. Carpenter, Wim de Vries, Cynthia A. de Wit, Carl Folke, Dieter Gerten, Jens Heinke, Georgina M. Mace, Linn M. Persson, Veerabhadran

Ramanathan, Belinda Reyers, und Sverker Sörlin. 2015. „Planetary boundaries: Guiding human development on a changing planet.“ *Science* 347: 6223.

Steffen, Will, Johan Rockström, Katherine Richardson, Timothy M. Lenton, Carl Folke, Diana Liverman, Colin P. Summerhayes, Anthony D. Barnosky, Sarah E. Cornell, Michel Crucifix, Jonathan F. Donges, Ingo Fetzer, Steven J. Lade, Marten Scheffer, Ricarda Winkelmann, und Hans Joachim Schellnhuber. 2018. „Trajectories of the Earth System in the Anthropocene.“ *Proceedings of the National Academy of Sciences* 115 (33): 8252–8259.

Tambiah, Stanley J. 1990. *Magic, science and religion and the scope of rationality.* Vol. 1981 of Lewis Henry Morgan Lectures. Cambridge: Cambridge University Press.

Tsing, Anna. 2010. „Worlding the Matsutake Diaspora.“ In *Experiments in Holism*, hg. v. Ton Otto und Nils Bubandt, 47–66. Hoboken: Wiley-Blackwell.

Tsing, Anna, Andrew S Mathews, und Nils Bubandt. 2019. „Patchy Anthropocene: Landscape Structure, Multispecies History, and the Retooling of Anthropology: An Introduction to Supplement 20.“ *Current Anthropology* 60 (S20): 186–197.

Verran, Helen. 2013. „Doing difference together.“ In *Contested ecologies : dialogues in the south on nature and knowledge*, hg. v. Lesley Green, 127–161. Cape Town , South Africa: HSRC Press.

Viveiros de Castro, Eduardo. 2012. „Cosmological perspectivism in Amazonia and elsewhere: Four lectures given in the Department of Social Anthropology, Cambridge University, February–March 1998.“ *Hau Masterclass Series* 1.

Melanie Jaeger-Erben

Die Kultur sozialer Nachhaltigkeit

Soziale Nachhaltigkeit als kulturelle Praxis

1 Soziale Nachhaltigkeit – Eine Frage der Kultur?

Der Themenkomplex „soziale Nachhaltigkeit und Kultur" lässt sich aus verschiedenen Blickwinkeln beleuchten, im Mindesten sind vier Thematisierungen (siehe Abbildung 1) möglich, die unterschiedlich komplexe Fragen- oder Aufgabenstellungen nach sich ziehen. Eine vergleichsweise gut einzugrenzende Aufgabe wäre es, die *soziale Nachhaltigkeit des Kulturbetriebes* zu betrachten. Hier wäre es vor allem eine Herausforderung, soziale Nachhaltigkeit klar zu definieren und zu operationalisieren (siehe Abschnitt 2). Die daraufhin entwickelten Indikatoren werden dann auf verschiedene Bereiche des Kulturbetriebs angewendet, wie beispielsweise die Diversität in höheren Positionen oder die Partizipation in Entscheidungsprozessen. Eine weitaus umfangreichere Fragestellung betrifft die nach der *Rolle kultureller Bildung in nachhaltigkeitsrelevanten Transformationsprozessen*. Hier wären sowohl die Frage, was kulturelle Bildung überhaupt ausmacht und in welchen formellen und informellen Settings sie stattfindet, zu beantworten, als auch die Frage, welche Prozesse als Transformationsprozesse hin zu (sozialer) Nachhaltigkeit bezeichnet und empirisch betrachtet werden können. Dabei sind so heterogene Gegenstandsbereiche wie die Wirkung von Museums- oder Ausstellungskonzepten auf die Sensibilisierung für Gerechtigkeitsfragen auf der einen oder die Bedeutung von Street Art für die soziale Kohäsion von Jugendlichen auf der anderen Seite möglich. Den Charakter von Meta-Themen haben demgegenüber so weitreichende Fragestellungen wie die *Entstehung sozialer Nachhaltigkeit durch kulturelle Praktiken* und die Frage, wie eine *Kultur sozialer Nachhaltigkeit* beschaffen sein und darüber hinaus auch noch gefördert werden könnte. In beiden Themenkomplexen ist eine breite Definition von Kultur gleichermaßen zielführend wie herausfordernd. Kultur – verstanden als all das, was Menschen gestaltend hervorbringen – wäre damit nicht auf den klassischen Kulturbetrieb begrenzt, sondern würde potentiell die gesamte Ebene der sozialen Praxis, der Gestaltung von Beziehungen und der Reproduktion von sozialen Bedeutungen betreffen.

Letztendlich ist es diese sehr breite und nahezu alles umfassende Sichtweise, die in den Debatten um nachhaltige Entwicklung bzw. die „große Transformation zur Nachhaltigkeit" (WBGU 2011) Verwendung findet. Diese thematisiert nicht

https://doi.org/10.1515/9783110713084-005

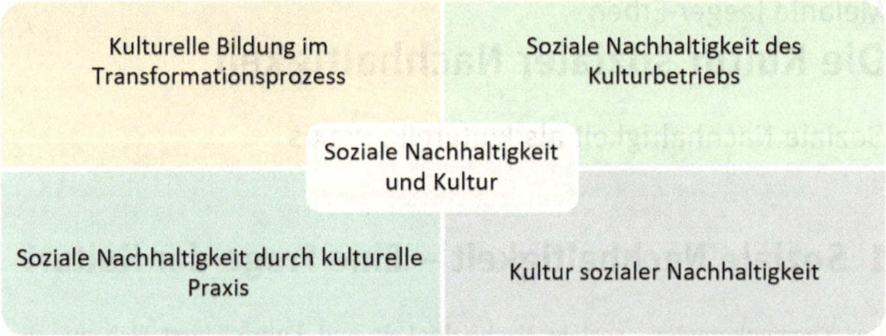

Abbildung 1: Mögliche Thematisierungen der kulturellen Dimension sozialer Nachhaltigkeit

weniger als einen „umfassenden Umbau aus Einsicht, Umsicht und Voraussicht" (WBGU 2011, 5), der eine „Kultur der Achtsamkeit" (aus ökologischer Verantwortung) mit einer „Kultur der Teilhabe" (als demokratische Verantwortung) sowie einer „Kultur der Verpflichtung" gegenüber zukünftigen Generationen (Zukunftsverantwortung) verbindet.

Gegenwärtig bzw. mit Blick auf die jüngste Vergangenheit scheinen diese normativen Leitideen kultureller Praxis in einem krassen Widerspruch zu gängigen Praktiken zu stehen.

Das zeigt sich nicht allein in Fragen des Konsums. Trotz einer starken medialen Aufmerksamkeit für Umweltthemen, dem großen Umfang an Wissen über die ökologischen und sozialen Folgen menschlichen Handelns und einem steigenden bzw. gleichbleibend hohem Umweltbewusstsein (Rubik et al. 2019) bleibt der individuelle ökologische Fußabdruck in Deutschland hoch. Das liegt nur in begrenztem Umfang daran, dass individuelle Spielräume zu wenig genutzt werden. Denn es ist vor allem der ausbleibende „umfassende Umbau", der die Spielräume kleinhält. Die strukturellen Voraussetzungen motivieren eher nichtnachhaltigen als nachhaltigen Konsum. Allein das Leben in einem hoch industrialisierten und technisierten Land wie den USA und die damit zusammenhängende durchschnittliche Nutzung von Infrastrukturen lässt selbst den individuellen Fußabdruck eines asketischen Mönchs über den globalen Durchschnitt schnellen (Gutowski et al. 2008). Darüber hinaus werden im Alltag vielfältige Einladungen dazu ausgesprochen, eher mehr als weniger zu konsumieren: Ein Neukauf von Elektronikgeräten ist in vielen Fällen günstiger als die Reparatur, Städte sind oftmals auto- als fahrradfreundlicher, mehrfach verpackte meist günstiger als lose Ware und es erscheint vielen bequemer, neue Kleidung nach Hause schicken zu lassen und diese bei Nicht-Gefallen zurückzuschicken, als sie im Laden anzuprobieren oder gar sie selbst zu nähen.

Eine Kultur der Achtsamkeit und Verantwortung für ökologische Belange in Strukturen zu pflegen, die vor allem auf Basis von Unachtsamkeit und Verantwortungslosigkeit gegenüber der Reproduktionsfähigkeit und Stabilität von Ökosystemen etabliert werden konnten und diese Logiken in sich tragen, scheint ein Ding der Unmöglichkeit. Die Problematik wird dadurch verschärft, dass den Konsumgütern und Dienstleistungen die ökologischen Kosten nicht angesehen werden. Noch unsichtbarer als die ökologischen Kosten von Konsum sind die sozialen Kosten, die unter anderem durch globale Hierarchisierung von Produktionsformen und die Auslagerung der Produktion in Billiglohnländer sowie die globale Ungleichverteilung von Umweltrisiken und Klimafolgen entstehen. Die dänische Dokumentation „Blutige Handys“[1] brachte mit erschreckenden Bildern aus Coltan-Minen in der Demokratischen Republik Kongo auf den Punkt, dass jedes Mobiltelefon nicht nur seltene Erden und Metalle weglassen, sondern buchstäblich auch menschliches Blut enthält. Der Film zeigt das Leid der ausgebeuteten und oft minderjährigen Minen-Arbeiter*innen und thematisiert die kriegerischen Konflikte, die von den Einnahmen aus dem Coltan-Handel mitfinanziert werden.

Die „Unübersichtlichkeit der Verhältnisse“ und die dadurch verursachte „Uneinlösbarkeit des Kant'schen Imperativ“ wird auch von Karl Polanyi, einem wichtigen Vordenker der Transformationsdebatte problematisiert (Polanyi 1927, 154). Die vermeintlichen Freiheiten, die die Marktgesellschaft bietet, sind für ihn negative Freiheiten, da bereits einfache Alltagshandlungen, wie der Kauf von Fleisch, die Nutzung eines privaten PKWs oder Kaffee trinken sozial-ökologische Wirkungen hat, die zeitlich und geographisch weitreichend, aber für das Individuum kaum übersichtlich sind. Die für Polanyi relevante Frage ist dabei, „unter welchen gesellschaftlichen Bedingungen Menschen mit dieser Freiheit überhaupt so umgehen können, dass sie anderen nicht schaden, sondern nützen.“ (Brie 2015, 42) Die – in die Strukturen einer kapitalistischen Marktgesellschaft eingeschriebene – individuelle und kollektive Schuld eines Teils der Menschheit wird auch in gegenwärtigen Gesellschaftsdiagnosen, wie der „Externalisierungsgesellschaft“ von Stephan Lessenich (2016) oder der „Imperialen Lebensweise“ von Ulrich Brand und Markus Wissen (2017) in ihrer Genese und ihren Auswirkungen beschrieben.

Polanyi (und mit ihm eine immer größer werdende Schar an Nachhaltigkeitsforscher*innen und -aktiven) sehen eine gesellschaftliche Umgestaltung als zwingend notwendig an, um Bedingungen zu schaffen, unter denen Menschen fähig sind, verantwortlich und solidarisch zu handeln oder „es uns erlaubt wird,

1 Originaltitel der dänischen Produktion ist „Blod i Mobilen“, http://bloodinthemobile.org/

die unvermeidliche Last unserer Verantwortung für Zwang und die Einmischung in das Leben unserer Mitmenschen bewusst zu schultern“ (Polanyi 2005, 272).

Worin nun genau die geforderte Umgestaltung oder „Große Transformation“ bestehen soll und welche Akteure hier welche Positionen vertreten, soll in diesem Beitrag nicht weiter behandelt werden. Wichtig sei hier nur, dass sich die diskutierten und beforschten Strategien auf einem Kontinuum zwischen Evolution und Revolution bewegen und – wie der Soziologe Erik Olin Wright (2017) beschreibt – als Bruch oder als Metamorphose vollzogen werden können. Zum Zwecke der Beobachtung verschiedener, für die Transformation relevanter Metamorphosen beschreibt Wright praktische Beispiele für „reale Utopien“, das heißt Experimente, in denen soziale Alternativen unter Maximen wie sozialer Gerechtigkeit, Teilhabe, Solidarität und Co-Produktion erprobt werden.

Dieser Beobachterperspektive soll im vorliegenden Beitrag mit dem Fokus auf potentiellen „realen Utopien“ einer kulturellen Praxis der Nachhaltigkeit gefolgt werden. Ausgehend von der Feststellung grundlegender Züge einer Kultur sozialer Nicht-Nachhaltigkeit werden soziale Praktiken des Reparierens und Selbermachens als eine Form sozialer Innovation in Richtung einer kulturellen Praxis sozialer Nachhaltigkeit betrachtet. Dabei wird das „Sich-Kümmern um Dinge“ mit dem „Sich-Kümmern umeinander“ verbunden und in normative Diskurse zu Umwelt- und Ressourcenschutz eingebettet. Der Beitrag illustriert verschiedene Facetten einer potentiellen Gegenkultur anhand empirischer Beispiele aus einem Bürger*innenforschungs-Projekt. Im Folgenden wird zunächst die konzeptionelle Grundlage der Betrachtung erläutert.

2 Soziale Nachhaltigkeit – Eine Definitionsherausforderung

> Since its early definition in the Brundtland Commission report of 1987, the concept of “sustainability” (but not so much of the practice) has really taken off. [...] I have not been able to find a single source that is against “sustainability”. Greenpeace is in favor. George Bush, Jr, and Sr. are, the World Bank and its chairman [...] are, the Pope is, my son Arno is, the rubber tappers in the Brazilian Amazon are, Bill Gates is, the labor unions are. All are presumably concerned about the long-term socioenvironmental survival of (parts of) humanity; most just keep doing business as usual. (Swyngedouw 2007, 20)

Wie das Zitat aus einem Text des Sozialgeographen Erik Swyngedouw mit treffender Überspitzung andeutet, ist bereits der Begriff Nachhaltigkeit in der Kommunikation so allgegenwärtig wie er in der Praxis selten verankert ist. Beides erschwert die empirische Untersuchung, denn zunächst wird eine handfeste und brauchbare Operationalisierung durch die starke Aufweichung des Begriffs erschwert und im Anschluss kann das Auffinden eines passenden empirischen Beispiels für nachhaltige Praxis eine Herausforderung darstellen. In der interdisziplinären Nachhaltigkeitsforschung gibt es eine Reihe von Vorschlägen für Definitionen und Operationalisierungen, die jedoch auch sehr unterschiedliche Tiefen und Breiten aufweisen. Insbesondere die soziale Nachhaltigkeit ist dabei eine eher vernachlässigte Dimension. Bereits der Wikipedia-Eintrag zu sozialer Nachhaltigkeit wird mit folgenden Sätzen eingeleitet: „Social sustainability is the least defined and least understood of the different ways of approaching sustainability and sustainable development. Social sustainability has had considerably less attention in public dialogue than economic and environmental sustainability."[2]

Edda Müller, ehemaliges Mitglied des Rats für Nachhaltigkeit beobachtet zudem: „Die soziale Dimension wird bisher weitgehend defensiv verstanden. Im Vordergrund steht die Maxime ‚don't damage', also das Bemühen, bei Industrieansiedlungen oder ländlicher Entwicklung bloß nichts kaputt zu machen oder jedenfalls nicht dabei aufzufallen." (Müller 2002, 15) Soziale Nachhaltigkeit wird also eher als Problemstellung aufgefasst, im Sinn der Vermeidung sozialer Nebenwirkungen von ökologischen und ökonomischen Reparaturmaßnahmen. Die dimensionale Sichtweise von Nachhaltigkeit, als Drei-Säulen-Modell kann eine Ursache für diese Wahrnehmung sein. Sie konstruiert drei gewissermaßen voneinander trennbare Entitäten, die nicht nur den Descartschen Dualismus von Natur und Kultur reproduziert, sondern auch ökonomisches Handeln von sozialen Beziehungen trennt. Dabei lässt sich durchaus grundlegend fragen, wie oder was eine Ökonomie überhaupt sein kann oder darf, die nicht vorrangig den Menschen und ihrem Gemeinwesen dient. Vor dem Hintergrund dieser und weiterer noch nicht klar gelöster, epistemologischer und moralphilosophischer Grundprobleme hat sich ein heterogenes Feld verschiedener Definitionsangebote nicht nur aus Politik und Wissenschaft, sondern auch aus sozialen Bewegungen heraus entwickelt. Begriffe wie „Buen Vivir", Umweltgerechtigkeit oder Lifelihoods thematisieren unterschiedliche Problemsichtweisen und sind mal mehr und mal weniger gut für empirische Untersuchungen sozialer Nachhaltigkeit operationalisiert. Das macht das Konzept soziale Nachhaltigkeit unhandlich, wie auch Suzanna Vallance und Kolleg*innen in ihrem Review sozialer Nachhaltigkeitskonzepte urteilen: „The many and varied contributions of social scientists have led to a degree of conceptual chaos and that this compromises the term's utility." (Vallance et al. 2011, 342) Sie beschreiben mindestens drei Felder von Nachhal-

2 https://en.wikipedia.org/wiki/Social_sustainability

tigkeitskonzepten: Soziale Nachhaltigkeit als „Entwicklungs-Nachhaltigkeit“ zielt ab auf die Befriedigung menschlicher Grundbedürfnisse, die Schaffung von Sozialkapital, Gerechtigkeit etc. Die zentrale Orientierung liegt auf der Frage, was Menschen brauchen. Konzepte der „Brücken-Nachhaltigkeit“ fokussieren sich auf Verhaltensänderungen, die nötig sind, um biophysikalische Umweltziele zu erreichen. Hier wird eher definiert und beobachtet, wie menschliches Handeln die Umwelt schützt oder ihr weniger schadet. Bei sozialer Nachhaltigkeit als „Erhaltungs-Nachhaltigkeit“ wird der Fokus auf die Erhaltung soziokultureller Merkmale gelegt. Hier geht es darum, kulturelle Eigenheiten zu bewahren und kulturelle Diversität zu fördern. Die vorgeordnete Frage ist nicht, was Menschen brauchen, sondern was Menschen möchten und wie sie ihr Zusammenleben und ihr Umfeld gestalten wollen.

An die Frage nach der kulturellen Praxis sozialer Nachhaltigkeit scheint oberflächlich betrachtet vor allem die letzte Perspektive anschlussfähig. Sie lässt sich jedoch nicht von Fragen der Gerechtigkeit und Teilhabe, wie sie in der ersten Perspektive im Zentrum steht, entkoppeln. Genauso wenig lassen sich biophysikalische Umweltziele, auch im Sinne von Grenzen der ökologischen Wirkungen menschlichen Handelns, außer Acht lassen, denn hier entscheidet sich, ob die natürlichen Lebensgrundlagen für die Befriedigung von Bedürfnissen überhaupt zur Verfügung stehen und somit auch der Spielraum für kulturelle Entfaltung und Gestaltung. Der Zusammenhang von menschlichen Bedürfnissen und Entfaltungsmöglichkeiten und den ökologischen Wirkungen konstituiert einen Raum, der unter anderem im Konzept der „Konsumkorridore“ aufgegriffen wird. Die Ausgangsfrage ist dabei:

> Über welche Ausstattung mit natürlichen und gesellschaftlichen Ressourcen sollten alle Menschen minimal verfügen können, damit sie ein gutes Leben führen können? Wo liegen Maximalstandards, deren Überschreitung durch Einzelne oder Gruppen die Sicherstellung dieser minimalen Bedingungen für andere nicht mehr erlauben würde? (Blättel-Mink et al. 2013, 34)

In dem Ansatz wird davon ausgegangen, dass objektive, menschliche Bedürfnisse definiert werden können, die es gesellschaftlich zu schützen gilt und die eine nicht unterschreitbare Bottom-Line definieren. Hierauf aufbauend beginnt ein Bereich der Gestaltungsmöglichkeiten, in denen Menschen bzw. Gemeinschaften ihre subjektiven Wünsche entfalten und die Mittel der Befriedigung ihrer Bedürfnisse so wählen und gestalten, dass alle gegenwärtig und in Zukunft lebenden Menschen ein Recht auf ein gutes Leben haben. Der Gestaltungsraum wird durch Maximalstandards bzw. eine definierte Grenze maximal möglicher Wirkungen menschlichen Handelns, wie sie beispielsweise im Konzept der planetaren Grenzen beschrieben werden, eingeschränkt. Dass sowohl Minimal- als auch

Maximalstandards zwar als „objektiv“ und unhintergehbar festgelegt gehören, gleichzeitig aber auch sozial immer wieder neu ausgehandelt werden und in einigen Fällen eher den Charakter qualitativer Orientierungen als fester, quantifizierbarer Grenzen annehmen, merken die Autor*innen selbst an.

Bereits in Fragen des Konsums kann es eine große Herausforderung sein, generell zu bestimmen, was minimale Standards für objektive Bedürfnisse sein können. Noch viel größer ist die Herausforderung, wenn es um soziale oder kulturelle Bedürfnisse geht. Amartya Sen sieht in seinem als ganzheitlich präsentierten Konzept sozialer Nachhaltigkeit die vor allem bedürfnisfokussierte Perspektive eher kritisch:

> Human beings are reflective creatures and are able to reason about and decide what they would like to happen, rather than being compellingly led by their own needs – biological or social. A fuller concept of sustainability has to aim at sustaining human freedoms, rather than only at our ability to fulfil our felt needs. (Sen 2013, 6)

Sen sieht neben den eher allgemein formulierten Dimensionen wie Gerechtigkeit (gerechte Chancen und Teilhabe für alle Mitglieder einer Gemeinschaft), Demokratie und Governance (demokratische Prozesse und offene und verantwortliche Governance-Strukturen) sowie Vielfalt (Förderung und Ermutigung von Vielfalt) auch die Förderung des sozialen Zusammenhalts, also der Ermöglichung von Vernetzung und sozialer Beziehungen auf formeller, informeller und institutioneller Ebene als politische Gestaltungsaufgabe an. Zur Dimension Lebensqualität zählt auch er die Erfüllung von Grundbedürfnissen, genauso wichtig sind ihm aber die Verwirklichungschancen, d. h. die Möglichkeit, eigene Vorstellungen eines guten Lebens zu verwirklichen und „Reife“ in Form persönlichen Wachstums zu erlangen.

Sen brachte diese Perspektive nachhaltig in die sogenannte „Stiglitz-Sen-Fitoussi-Kommission“ ein, die sich mit alternativen Indikatoren für Wohlstand und sozialen Fortschritt beschäftigt hat. Eine der Kernempfehlungen war, die Verwirklichungschancen der Menschen als Voraussetzung für Lebensqualität zu beobachten und zu messen, beispielsweise durch Kennziffern für soziale Verbindungen, persönliche Aktivitäten oder Lebenszufriedenheit.

Eine wichtige Devise war: „What we measure affects what we do; and if our measurements are flawed, decisions may be distorted.“ (Stiglitz et al. 2009, 4) Doch trotz starker öffentlicher und politischer Rezeption der Arbeit der Kommission bleibt weltweit die maßgebliche Orientierung der GDP bzw. das Bruttoinlandsprodukt.

Nicht als Erste, aber dafür sehr pointiert, weist Mariana Mazzucato in ihrem Buch *The value of Everything* (2018) auf die inhärenten und systemisch wirksamen

Wertzuweisungen hin, die mit der starken Orientierung am BIP einhergehen. In die Kalkulation des BIP fließen soziale Konstruktionen darüber mit ein, was als produktive Arbeit definiert ist, wie Wert geschöpft wird und was Wert überhaupt ist. Als Indikator für den Wohlstand eines Landes lenken diese Konstruktionen politische Prioritätensetzungen und Praxen der Belohnung und Sanktionierung des Handelns gesellschaftlicher Akteure und Gruppen. Wert hat und Wertschätzung erhält vor allem das, was einen Preis auf dem Markt erzielt, je höher der Preis, desto wertgeschätzter die Handlung bzw. der Akteur.

Diese Orientierung sieht der bereits erwähnte Polanyi als gesellschaftlich fatal an. Er schrieb 1944: „To allow the market mechanism to be the sole director of the fate of human beings and their natural environment [...] would result in the demolition of society." (Polanyi 1944, 73) Mit dem Wort „Zerstörung" meint Polanyi nicht, dass die Gesellschaft zugrunde geht. Vielmehr geht es um die Verzerrung gesellschaftlicher Werte und Orientierungen und um Verwerfungen der oben bereits erwähnten solidarischen Gemeinschaftlichkeit, die er als essentiell für gesellschaftlichen Wohlstand ansieht. Die von ihm beschriebene „große Transformation" soll im Folgenden als Folie genutzt werden, um die Genese der Kultur sozialer Nicht-Nachhaltigkeit nachzuzeichnen. Am Beispiel der Konsumsphäre sollen Symptome dieser Kultur sowie einer möglichen Gegen-Kultur sozialer Nachhaltigkeit aufgezeigt werden.

3 Die große Transformation zur Kultur der sozialen Nicht-Nachhaltigkeit

3.1 Erste „große Transformation"

Wenige haben sich so einprägsam wie kritisch mit dem Prozess der ökonomischen Liberalisierung im 19. und frühen 20. Jahrhundert auseinandergesetzt wie der Wirtschaftshistoriker Karl Polanyi. In mehreren Werken beschreibt er die Herausbildung der Industriegesellschaften aus den Agrargesellschaften im Verlauf des 19. Jahrhunderts und beobachtet, wie die Einführung freier Märkte und „fiktiver Waren" wie Arbeit, Grund, Boden und Geld zwar zu wachsendem, industriellem Fortschritt führte, aber gleichzeitig eine wachsende soziale Ungleichheit mit sich brachte. Im Zuge der von ihm beschriebenen Verallgemeinerung des Marktprinzips wurden wirtschaftliche Tauschprozesse nach und nach unabhängig von sozialen Beziehungen. Die sozialen Prozesse wurden hingegen abhängig von und bewertet nach wirtschaftlicher Zweckmäßigkeit. Der sukzessiv „externalisierten" oder auch „entbetteten" Ökonomie mit ihren enormen sozial-ökologischen Folgen wurde mit Gegenmaßnahmen, wie mit Arbeits- oder Naturschutz, mit Zöllen oder Zentralbanken begegnet. Diese sorgten nach Polanyi aber nur dafür, die Risse der liberalen Marktgesellschaft zu kitten und selbige damit aber auch gleichzeitig zu zementieren. Mögliche Gegenbewegungen oder gar Revolutionen wurden somit befriedet, ihre Ursachen aber nicht gelöst. Dass die Doppelbewegung von fortschreitender Vorherrschaft des Marktes und politischen Symptombekämpfungen aber nicht nachhaltig ist und die Risse irgendwann umso verheerender zu Tage treten, davon war Polanyi überzeugt. In Anbetracht der multiplen Klima-, Globalisierungs-, Biodiversitäts-, Populismus- usw. -Krise der Gegenwart scheint dies auch keine unrealistische Einschätzung zu sein.

Was Polanyi in seinen Werken eher nur anreißt, von Autoren wie Zygmunt Baumann aber umso ausführlicher beschrieben wurde, ist die mit diesen Entwicklungen einhergehende „konsumistische Revolution" (Baumann 2009) und die Herausbildung der Konsumgesellschaft.

3.2 Herausbildung der Konsumgesellschaft

Das Voranschreiten der Industrialisierung im 19. und 20. Jahrhundert ging auch mit der Entstehung der Konsumgesellschaft einher.

> Die Selbstversorgung ging zurück, je weiter sich Urbanisierung und Lohnarbeit ausbreiteten. Der Distributionssektor blühte auf, und innovative Formen des Einzelhandels wie Konsumgenossenschaften und Warenhäuser florierten. Die medialen Katalysatoren des Konsums, Presse und Werbung, vervielfältigten sich und mit ihnen die Bilder und Versprechungen vom „guten Leben". (Torp und Haupt 2009, 11)

Baumann (2007) definiert Konsumismus als eine idealtypische Bezeichnung für

> eine Art gesellschaftliches Arrangement, das daraus resultiert, dass alltägliche, ständig vorhandene und gewissermaßen „systemneutrale" menschliche Bedürfnisse, Wünsche und Sehnsüchte zur entscheidenden Antriebs- und Triebkraft der Gesellschaft recycelt werden [...] Die Ära des „Konsumismus" bricht an, wenn der Konsum jene Rolle als Dreh- und Angelpunkt übernimmt, die in der Gesellschaft von Produzenten die Arbeit spielte. (Baumann 2007, 41)

Die Mitglieder einer solchen Gesellschaft sind in erster Linie Konsument*innen, deren konsumistische Leistung vorrangig definiert, wie viel Ansehen und Aufmerksamkeit sie genießen. Ein konsumistischer Lebensstil ist so normal wie wünschenswert. Er dient aber nicht in erster Linie der Befriedigung von Bedürfnissen, Sehnsüchten und Wünschen, er ist vielmehr eine Eintrittskarte in die Konsumgesellschaft und legitimiert die Existenz des Individuums in ihr. Nach

Baumann sind die Menschen einer Gesellschaft selbst zu einer Ware geworden, auch sie wurden kommodifiziert. Diese Bewertung ist insbesondere in Anbetracht der exorbitanten Summen, die mit dem Handel persönlicher Daten vermeintlich kostenfreier Internet-Services verdient werden, alles andere als abwegig. Dieses Bild vom Menschen in der Konsumgesellschaft als eher passivem, auf seine marktrelevanten Konsumleistungen reduzierten Wesen klingt nahezu traurig, dennoch regen sich keine Massenproteste gegen diese offensichtliche Herabwürdigung. Das liegt unter anderem an der hohen Attraktivität der enormen Produktivität von kombinierter Markt- und Konsumgesellschaft. „Die Marktgesellschaft hat mehr Einkommen, Wohlstand, Güter und Dienstleistungen hervorgebracht als jede andere gesellschaftliche Organisationsform.“ (Fligstein 2011, 15) Die Massenproduktion und der Massenkonsum haben, dem Ökonomen John Kenneth Galbraith (1958) zufolge, als Strategie zum Erhalt und zur Auslastung der im zweiten Weltkrieg aufgebauten gewaltigen Produktionskapazitäten auch dazu geführt, den mühsam errungenen Frieden zu sichern. Auch für die internationale Zusammenarbeit haben beispielsweise Handelsabkommen und wirtschaftliche Verflechtungen eine stabilisierende Wirkung. Massenproduktion und -konsum bergen zudem eine nicht zu unterschätzende emanzipatorische Dimension, denn sie führten zu einer nie dagewesenen Demokratisierung von und Zugänglichkeit zu Konsumoptionen. Ehemalige Luxusgüter waren plötzlich massenhaft verfügbar. Durch die Ausweitung der Möglichkeiten von Kreditvergaben wurden sie sogar für Menschen zugänglich, die eigentlich nicht über die entsprechenden Mittel verfügen. Ein relativer, individueller und materieller Wohlstand schien nun für einen großen Teil der Menschen einer entsprechend industrialisierten und produktivistischen Gesellschaft erreichbar, mit dem höheren Lebensstandard geht zudem das Versprechen einer höheren Lebenserwartung einher.

Um Massenkonsum anzuregen, müssen Bedürfnisse gesteigert und neu geschaffen werden, die über einen wie auch immer gearteten basalen Bedarf hinausgehen. Das Narrativ „wenn alle fleißig konsumieren, ist die Welt in Ordnung“ ist in die materielle Kultur eingeschrieben, Begriffe wie „Konsumklima“ stellen Konsum wie ein natürliches Phänomen dar und es wird suggeriert, dass es auf die Konsumleistung jeder und jedes Einzelnen ankommt, ob das Klima sich positiv oder negativ entwickelt.

Auf der Kehrseite der Medaille moderner Produktions- und Konsumsysteme stehen sozial-ökologische Probleme, die antagonistisch zu den genannten Vorteilen sind. Der Demokratisierung von Konsum steht die Vergrößerung globaler Ungleichheiten gegenüber. Während die eine Hälfte der Welt im vermeintlichen Überfluss lebt, werden der anderen konsequent die natürlichen Lebensgrundlagen entzogen. Der internationale Frieden wird durch Handelskriege getrübt und die Lebenserwartung zwar gesteigert, die Lebensqualität aber durch die Entstehung von Wohlstandskrankheiten eingeschränkt. Die materielle Kultur westlicher Industrienationen betreibt Raubbau an endlichen Ressourcen und der Lebensqualität von Menschen außerhalb der Wohlstandsblase des globalen Nordens. Sie reichert nachhaltig die Schadstoffe in fragilen Ökosystemen an und erzeugt enorme Klima- und Umweltschäden, die langfristig die natürlichen Lebensgrundlagen für alle Menschen gefährden.

Welche sozialen Konstruktionen bilden das Rückgrat der materiellen Kultur sozialer Nicht-Nachhaltigkeit?

3.3 Dimensionen der Kultur sozialer Nicht-Nachhaltigkeit

Die vorgenannte Frage lässt sich an dieser Stelle nicht umfänglich beantworten. Stattdessen soll vor allem auf einen Aspekt eingegangen werden, der insbesondere für die Betrachtung des empirischen Beispiels relevant ist: Die soziale Konstruktion von Wert in Produktions- und Konsumsystemen.

Wie oben bereits mit Verweis auf die Arbeit von Mazzucato (2018) erwähnt, steht insbesondere die Eindimensionalität der Wertkonstruktionen im Vordergrund. Der Wert ist in letzter Instanz vom Preis auf dem Markt definiert. Die Wertschätzung eines Gegenstands ist nicht in erster Linie von seiner Nützlichkeit, seiner emotionalen Bedeutung oder der Bedürfnisadäquatheit abhängig, sondern davon, was er monetär wert ist. Das ist natürlich etwas überspitzt formuliert. Musikinstrumente sind oft mehr wert, wenn sie gut eingespielt sind. Oldtimer kosten bisweilen ein Vielfaches mehr als ihr Einstiegspreis. Doch in der Regel hat ein Produkt bereits nach dem Kauf nicht mehr denselben Wert wie wenn es noch im Ladenregal liegt. Bereits nach kurzer Nutzungszeit sinkt der Wert auf die Hälfte.

Ein Beispiel: In der äußerst erfolgreichen TV Show „Bares für Rares“ werden im Wochentakt Gegenstände aus den Kellern und Rumpelkammern der Nation gezeigt. Dabei wird ihre bisweilen skurrile Geschichte erzählt, ihr Wert wird auf Basis der Einschätzung von Expert*innen ermittelt und schließlich haben Händler*innen die Möglichkeit, den Gegenstand zu erstehen. Die Sendung gehört zu einer wachsenden Zahl ähnlicher Formate, die mit dem Anstrich der Wertschätzung der Biographie und persönlichen Bedeutung eines Produkts eine Kommodifizierung von Geschichte betreiben (Bühl-Gramer 2016). Obwohl die Besitzer*innen Gelegenheit bekommen, die gemeinsame und Dinggeschichte zu erzählen und der kulturhistorische Wert durch Expert*innen gewürdigt wird, bildet die Feststellung des Marktwerts den Höhepunkt der Show, und je mehr die Erwartungen der Besitzer*innen durch den erzielten Wert übertroffen werden, desto großartiger das Finale.

Dieses Praxisbeispiel bietet eher anekdotische Evidenz, doch auch die empirische Forschung beispielsweise zu Reparaturentscheidungen oder ähnlichen lebensdauerverlängernden Praktiken zeigt, dass der Erhalt eines Gebrauchsgegenstands oftmals als weniger effizient, sinnvoll und erstrebenswert angesehen wird, als ein Neukauf (Jaeger-Erben und Hipp 2018). Gleichzeitig spiegelt die Fernsehsendung eine systemisch induzierte Entfremdung wieder, die für viele Autor*innen ein Kennzeichen der Konsumgesellschaft ist. Gegenstände dürfen zwar mit emotionaler und biographischer Bedeutung aufgeladen und es darf eine ganz persönliche Beziehung zu ihnen aufgebaut werden, letztlich werden Mensch und Objekt aber durch den vermeintlich objektiven Wert wieder entfremdet. Die persönliche Bedeutung wird je nach erzieltem Marktpreis bestätigt oder entwertet.

Die Entfremdung besteht nicht nur in der Deklassierung der in der gemeinsamen Erfahrung der Menschen mit ihren Objekten entstandenen Bedeutungen. Sie wird auch durch die hohe Distanz oder Separierung von Wertschöpfung und Wertnutzung erzeugt und die hiermit verbundene Hierarchisierung von Wissen. Denn hinzu kommt die mit der eindimensionalen Wertdefinition verbundene Linearität der Wertschöpfungsprozesse. Ressourcen werden für die Produktion von Gütern aus Ökosystemen entnommen, ihr Wert wird aber erst durch die „veredelnde" Verarbeitung geschöpft und ist dann am höchsten, wenn sie noch im Handel feilgeboten werden. Der Wertverlust setzt unmittelbar nach dem Verkauf ein und sinkt kontinuierlich im Laufe der Nutzung. Nach einer mehr oder weniger langen Nutzungsphase – manchmal aber auch schon zuvor, wenn ein Gut beispielweise aus der Mode fällt oder als Retoure nicht mehr verkäuflich ist – wird der Wert gänzlich wieder vernichtet, das Produkt wird deponiert, verbrannt oder im besten Falle recycelt. Der Wert für Hersteller und Konsument*innen geht also wieder gegen Null. Das gilt auch für die im Produkt steckenden Ressourcen, sie sind so billig, dass sich mehr als nur thermisches Recycling – also Verbrennen zur Wärmeerzeugung – finanziell kaum lohnt. Konsument*innen haben in dieser eindimensionalen und linearen Welt vor allem die Rolle des Wertbegehrers und Wertvernichters. Das Begehren eines Guts durch direkte Nachfrage oder indirekte Präferenzäußerungen, wie sie die Marktforschung ermittelt, treibt den Preis und somit den Wert in die Höhe. Durch die – möglichst zügige – Wertvernichtung wird das neue bzw. Ersatzgut begehrenswert.

In dieser Welt wird aber nicht nur ständig und in hoher Geschwindigkeit Wert geschöpft, es wird auch in ebenso atemberaubendem Tempo Wertlosigkeit erzeugt. Das konstante Obsolet-Werden von Gegenständen und Angeboten ermöglicht das Hervorbringen des Neuen (vgl. auch Boschung et al. 2019). Innovation ist hier vor allem objektbezogen definiert, es geht um die erfolgreiche Kommunikation von Neuheit als etwas Begehrenswertem, für das man bereit ist, einen Preis zu zahlen. Der Handel spielt in diesem Zusammenhang eine ganz essentielle Rolle:

Durch kurze Austauschzyklen und eine riesige Bandbreite an Produktmodellen und Modellvariationen wird ein materieller Überfluss und Reichtum suggeriert, der zum Greifen nahe ist, und lange Ladenöffnungszeiten sowie Möglichkeiten des Online-Einkaufs per Mausklick machen den Reichtum leicht verfügbar.

Die sozial-ökologischen Kosten der eindimensionalen und linearen Wertschöpfungskonstruktion sind für das konsumierende Individuum auf den ersten Blick kaum sichtbar und werden durch die Schnelligkeit, den vermeintlichen Reichtum und die einfache Zugänglichkeit des Marktes noch weiter kaschiert. Denn wer glaubt dem Narrativ von den endlichen Ressourcen, wenn die Ladenregale voll sind mit Toastern in jeder erdenklichen Farbe und Form? Wer denkt an den ausgebeuteten Näher oder die vertriebene Bäuerin, wenn das T-Shirt im Sonderangebot für zwei Euro oder das Kilo Mehl für 50 Cent gekauft wird? Wem ist bewusst, dass für die Produktion von Smartphones buchstäblich Blut vergossen wird, wenn Hersteller jedes Jahr ungestraft neue Modelle herausbringen können? Und wozu sich die Mühe machen, die alte Waschmaschine zu reparieren, wenn es dieses tolle Sonderangebot gibt und der Händler bei der Lieferung der neuen direkt noch die alte Maschine mitnimmt?

Kurze Entwicklungszyklen für neue Produkte, insbesondere im technischen Bereich, suggerieren darüber hinaus, dass es einen schnellen technologischen Wandel gibt und Produkte ständig weiter verbessert werden. Geräte in Benutzung werden so sehr schnell als technisch veraltet wahrgenommen. Auch technisches Wissen wird dem Anschein nach schnell obsolet. Wer traut sich dann noch zu, richtig einschätzen zu können, ob das aktuelle Gerät noch lange genug hält, damit sich eine Reparatur, Restauration oder Generalüberholung lohnt?

In dieser gesellschaftlichen Normalität der Nicht-Nachhaltigkeit finden sich aber auch Alternativen, die implizit oder ganz explizit eine andere kulturelle Praxis leben. Die die eindimensionale und lineare Definition von Wertschöpfung und die konstante Produktion von Wertlosigkeit mit ihren Symptomen wie hohes Abfallaufkommen, Orientierung an Neuheit und objektbezogener Innovationsdefinition nicht ständig reproduzieren. Diese sollen als potentielles Beispiel für eine Kultur sozialer Nachhaltigkeit im Folgenden beschrieben werden.

4 Gemeinschaftliche Eigenarbeit als gelebte Kultur sozialer Nachhaltigkeit?

4.1 Kleinbürgertum oder Emanzipation?

Gesellschaftliche Innovationen wie die „Repair"- oder „DIY"-Bewegung (Anderson 2012, Ratto und Boler 2014) treten in der oben beschriebenen Problemkonstellation mit einer praktischen bzw. buchstäblichen Hands-On-Alternative an. Weltweit, in unterschiedlichen Settings – virtuell über DIY-Foren vermittelt und real in lose zusammenkommenden Bastelgruppen, in gemeinnützigen Repair-Cafés oder in technisch gut gerüsteten FabLabs, Hacker- und Makerspaces (Anderson 2012, Ratto und Boler 2014) – suchen Expert*innen, Hobbybastler*innen und Amateur*innen oftmals gemeinsam nach Lösungen für eine Vielfalt von Technik-, Produktions- und Konsumproblemen (Hielscher und Smith 2014). Menschen sollen die Fähigkeit (wieder-)erlangen, kompetent mit ihren Konsumgütern umzugehen, zu wissen, wie sie aufgebaut sind und funktionieren und was sie bei Reparatur- oder Veränderungsbedarf tun müssen, um ihre Geräte möglichst lange zu nutzen (Charter und Keiller 2014). Diese diversen Gruppen werden unter anderem als mögliche Streiter einer „neuen industriellen Revolution" (Anderson 2012) und des nachhaltigen Konsums (Schor 2010) gesehen. Ausgestattet mit vielseitigen Design-, Reparatur-und Manufakturtechnologien und Werkzeugen, gehen die Aktivitäten über die Selbstherstellung von Produkten hinaus, da sie sich auch mit Experimenten unter den Prinzipien der Demokratisierung von Produktion (Atkinson 2006, Hoftijzer 2009), Reparatur (Charter und Keiller 2014) und „commons-based peer production" (Troxler 2011) befassen. Das Reparieren, Modulieren und Selbermachen selbst ist dabei nicht das neue Element dieser Bewegung, vielmehr sind es die kurz- oder langfristigen Gemeinschaften, die sich bilden und die gemeinsame weltanschauliche Rahmung ihrer Praktiken (Gauntlett 2013). Eine „Kultur der Reparatur" oder „DIY-Kultur" soll gesellschaftliche Verbreitung finden, und mit ihr eine neue Wertschätzung von Ressourcen und ihrer effizienten Nutzung, von Qualität und Langlebigkeit (Cooper 2010, Chapman 2014). Es geht zudem um den Gewinn von Autonomie und Selbstwirksamkeit durch den Aufbau von Fähigkeiten in kollaborativen Settings (Kohtala 2014). Insbesondere Akteur*innen der Maker-Szene sehen ihre FabLabs als Orte der Wissensproduktion, der systematischen Reflexion von Erfahrungen und der Neu-Erfindung (Walter-Herrmann und Büching 2013).

Während das Heimwerken und die Eigenreparatur in den 1980er-Jahren aus wissenschaftlicher Perspektive bisweilen noch als Basteln an einer „Sphäre – und eine[r] Atmosphäre – repräsentativer Kleinbürgerlichkeit" (Hitzler und Honer

1988, 272) bezeichnet wurde, fokussieren gegenwärtige Forschungsarbeiten das emanzipatorische und transformative Potential der Gemeinschaften des Reparierens und Selbermachens (Strebel et al. 2019, McLaren 2018, Gregson et al. 2009, Bix 2009). Reparaturen werden hier nicht nur als das Wiederherstellen der Funktionalität eines Gegenstands gesehen, sondern auch als kreative Improvisation und Innovation (Graham und Thrift 2007) sowie als Pflege- und emotionale Arbeit (Houston et al. 2016). In einem Beitrag zur „Kultur der Reparatur" haben Strebel et al. (2019) auf die mit der Reparatur verbundenen kulturellen und sozialen Werte aufmerksam gemacht, die bestehende soziale, politische, technologische und wirtschaftliche Beziehungen und damit verbundene Systeme in Frage stellen. McLaren (2018, 138) weist einer „Ethik der Reparatur" im Anthropozän eine zentrale Rolle zu: „I treat repair as inherently a political and moral intervention in the world, with multiple dimensions." Er sieht Reparatur als einen Prozess, durch den sich Menschen mit der Vergangenheit und der Zukunft beschäftigen, indem sie ihre Umgebung (oder Objekte in ihnen) zu ihrem ursprünglichen Zweck re-konstruieren und wiederherstellen oder Objekte als materielle Arrangements neu konfigurieren. Reparatur- und Selbermachinitiativen etablieren darüber hinaus als „communities of practice" neue Rituale der kollektiven Werterhaltung und -schöpfung in Gemeinschaft. Durch den Aufbau einer Dreiecksbeziehung Mensch-Objekt-Mensch (Jaeger-Erben et al. 2019) wird das Sich-Kümmern um Gegenstände mit dem Sich-Kümmern umeinander sowie um die Umwelt verbunden (Meißner et al. 2019). Ob diese sich stetig ausbreitenden Initiativen tatsächlich zu einer De-Normalisierung der Wegwerfgesellschaft und einer Re-Konfiguration sozial-ökologisch fataler Produktions- und Konsummuster führen, lässt sich aktuell noch nicht abschätzen. An dieser Stelle sollen eher zu illustrativen Zwecken einige empirische Beispiele dafür angeführt werden, welche Dimensionen einer Gegenkultur sich in den Selbstbeschreibungen der Beteiligten an Reparatur- und Selbermachgemeinschaften identifizieren lassen[3].

3 Die hier illustrativ vorgestellten Ergebnisse stammen aus einem Bürger*innenforschungs-Projekt zur Aneignung und Verbreitung von sozialen Praktiken des Reparierens und Selbermachens (www.reparakultur.org). Ziel der Studie war, Daten gemeinsam zu sammeln und mit Personen aus Reparatur- und Selbermach-Gemeinschaften (d. h. Besucher*innen und Mitgliedern von Reparaturcafés und Offenen Werkstätten) zu analysieren, um gemeinsam Erfahrungen, Routinen, Kompetenzen und soziale Bedeutungen im Zusammenhang mit Reparaturen untersuchen zu können. Insgesamt nahmen zwischen März 2018 und September 2019 32 Bürgerforscher*innen in vier Repair-Cafés und Offenen Werkstätten in ganz Deutschland teil. Die Stichprobe war unterschiedlich in Bezug auf Alter, sozioökonomischen Hintergrund und Rollen in den Initiativen (inkl. Frequenz und Anzahl der Besuche).

4.2 Praxen und Bedeutungen einer Kultur der sozialen Nachhaltigkeit?

Die folgenden Zitate stammen aus einem Forschungsprojekt, das unter Verwendung eines Citizen-Science-Ansatzes die Aneignung und Alltagsintegration von Praktiken des Reparierens und Selbermachens gemeinsam mit an solchen Praktiken interessierten Bürger*innen untersucht hat. Sie wurden in Forschungstagebüchern, Gruppendiskussionen bzw. Workshops und Gesprächen geäußert, in denen empirische Beobachtungen und Daten, die die beteiligten Bürger*innen in ihrer Selbstbeobachtung gesammelt hatten, gemeinsam interpretiert wurden. Die Zitate spiegeln die Selbstbeschreibungen und Bedeutungszuweisungen der Bürgerforscher*innen wieder. Sie werden exemplarisch aufgeführt, um potentielle Praxen und Bedeutungen einer Gegenkultur zur Kultur sozialer (und sozialökologischer) Nicht-Nachhaltigkeit zu illustrieren.

Soziale Praktiken des Reparierens und Selbermachens können vor dem Hintergrund der gegenwärtigen Definition von Wertschöpfung als unökonomisch und möglicherweise sogar wertlos bewertet werden. Denn eine Reparatur ist – insbesondere, wenn sie ohne umfangreiches Fachwissen und Ausrüstung umgesetzt wird – zeitaufwändig und, falls Werkzeug erst angeschafft werden muss, auch kostspielig.

Allein schon die Tatsache, einer vermeintlich ökonomisch sinnlosen Praxis zu frönen, widerlegt oder konterkariert eine monetär fixierte Wertdefinition. Der Praxis werden darüber hinaus weitere Bedeutungen und Wertdimensionen zugewiesen und durch sie reproduziert.

> *Üblicherweise gibt man für eine Reparatur viel Geld aus, um den alten Zustand wieder zu erreichen. Deswegen „lohnt“ sich in den Augen des Besitzers eine Reparatur eines Gegenstandes oft nicht, man kauft neu! Bei der Selbstreparatur ist das anders: Aus unserem Repair-Café tragen die Besitzer den alten und reparierten Gegenstand mit mehr Stolz und Liebe zum Gerät nach Hause, als der Kauf eines neuen ihnen jemals verschaffen könnte! Ab jetzt haben sie eine persönliche Beziehung zu ihrem Gegenstand – und gehen dementsprechend damit um. (Ausschnitt aus einem Forschungstagebuch, Mitforschende Sabine)*

Hier werden der Wert des Erhaltens und die dadurch aufgeladene Wertigkeit des Gegenstands hervorgehoben. Insbesondere von Selbermacher*innen, aber auch von Reparateur*innen wird darüber hinaus das körperliche Tun wertgeschätzt:

> *Das Tun selber ist schon Teil der Belohnung, wenn man etwas gut macht und weiß, ich mache es gerade gut, weil ich mir Mühe gebe [...] das ist unmittelbar erfahrbar, weil man geht mit der Hand drüber und weiß, es ist jetzt eine Super-Oberfläche. (Aussage in Gruppendiskussion, Mitforscher Axel)*

Der emotionale Wert der Dinge steht im Vordergrund, aber auch eine Art existentieller Wert der Dinge an sich, als etwas, um das sich eben gekümmert wird.

> *Im Repair-Café kommen Menschen eben mit Dingen, die ihnen was wert sind. Die ihnen am Herzen liegen oder um die es zu kämpfen lohnt oder was auch immer. Und denen helfe ich jetzt oder mache mit denen zusammen das Ding wieder ganz. (Aussage im Nachgespräch, Mitforschender Matthias)*

In den Reparaturgemeinschaften wird zudem mit alternativen Währungen gehandelt:

> *Für mich ist ein Café auch ein richtiges Tauschgeschäft [...] jemand investiert seine Zeit, für die er jetzt keine Entlohnung bekommt. Das Einzige, was er zurückbekommt, ist ein Dialog und [...] diese Wertschätzung. (Aussage im Nachgespräch, Mitforschende Sylke)*

Das Reparieren und Selbermachen schafft darüber hinaus aus der Sicht der Beteiligten Gegenstände von besonderem Wert, wie der folgende kurze Dialog aus einer Gruppendiskussion zeigt:

> *Sarika: Ich bin der festen Überzeugung, egal was man mit seinen Händen kreiert, man bringt die Energie in das Ding und...*
>
> *Sabine: Du erzeugst damit automatisch Respekt vor dem Gegenstand, du hast dir ihn ja erarbeitet und [...] er hat von da an eine Persönlichkeit, anders als Sachen die du gekauft hast.*

In diesem kurzen Austausch wird auch deutlich, dass eine zugleich körperliche und mentale Nähe zu den Gegenständen hergestellt wird. Dinge bekommen einen persönlichen Wert verliehen und die Rolle als passive*r, entfremdete*r Konsument*in wird überwunden. Die im Mainstream-Markt eher deklassierten persönlichen Bedeutungen werden (wieder)hergestellt und die auferlegte Distanz zu Wertschöpfungsprozess wird überwunden. Diese alternative Bedeutung von Wertschöpfung lässt sich auch im sozialen Miteinander vermitteln:

> *Das führt zwangsläufig dazu, dass man sich mehr damit auseinandersetzt, wie man mit Ressourcen umgeht und das wiederum führt dann zwangsläufig zu der Idee, mehr zu reparieren und weniger wegzuschmeißen und was man haben möchte [...] auch mal selber zu bauen.*
>
> *Das tut einem gut. [...] Und bringt auf jeden Fall mehr Freude als was Gekauftes. Das kennen wir ja alle, wenn wir eine Schachtel Merci kriegen oder etwas Selbstgemachtes, freuen wir uns mehr über das Selbstgemachte. (Äußerung in der Forschungswerkstatt, Mitforschender Axel)*

Kultur der sozialen Nicht-Nachhaltigkeit	Kultur der sozialen Nachhaltigkeit
eindimensionale, monetär fixierte Wertdefinition	„unökonomische“ Herstellung oder Erhaltung von Wert Zuweisung und Reproduktion von weiteren oder alternativen Werten (Selbstwirksamkeit als Wert, emotionaler Wert, symbolischer Wert, Wert der Ressource, Werte des Kümmerns, existentieller Wert des Gegenstands) Austausch und Wertschätzung als „Alternativwährungen“
lineare Wertschöpfung	Schaffen von „Ewigkeitsdingen“ Verlängern und Verlangsamen von Lebenszyklen
Entfremdung durch Deklassierung persönlicher Bedeutungen	Reproduktion von persönlichem Wert durch Kümmern
Entfremdung durch Distanz und Individualisierung im Wertschöpfungsprozess	Herstellung körperlicher und mentaler Nähe zu Gegenständen Reproduktion von Selbstwirksamkeit Bildung von Gemeinschaften der Eigenarbeit
Konstruktion von passiven, individualistischen Konsument*innen	Selbstbild als kritische*r Konsument*in Verfolgen von kreativen Projekten aktive Abstinenz und Distanz klassischen Konsum-Arenen
Hierarchisierung von Wissen	(Wieder-)Aneignung und Reproduktion von Wissen, Schaffung von Strukturen kollektiver Wissensproduktion

Tabelle 1: Gegenüberstellung von Facetten einer Kultur der Nicht-Nachhaltigkeit und einer potentiellen Kultur der Nachhaltigkeit

Mit Reparieren, aber auch Pflegen und Warten, bzw. Sich-Kümmern werden – dem Markt eher dienliche – kurze Nutzungs- und Lebensdauern von Gegenständen verlängert, es entstehen „Ewigkeitsdinge“:

> *Ich repariere gerne auch Sachen, die teuer hergestellt werden, aber wenn ich sie besitze und gerade behalten möchte, also [...] mein Messer [...] das habe ich schon ewig und das wird gepflegt und geschärft. Und das habe ich immer dabei. (Äußerung im Nachgespräch, Mitforschender Matthias)*

Die auferlegte Passivität wird durchbrochen und in den Gesprächen und Diskussionen war das Erleben von Selbstwirksamkeit ein wiederkehrendes Motiv, zum einen durch das „Handanlegen“ an Gegenstände und zum anderen durch das Verfolgen eigener, als kreativ empfundener Projekte, deren Rhythmus und Takt selbst bestimmt werden kann. Die Gemeinschaften des Reparierens und Selbermachens verstärken die Selbstwirksamkeit zum einen ganz praktisch, indem Wissen ausgetauscht und gegenseitig unterstützt wird. Zum anderen wird so etwas wie soziales Kapital erlebt:

> *Das andere ist natürlich, dass du wieder Gemeinschaft hast, dass die Leute wieder zusammenkommen, dass sie wieder zusammensitzen, dass sie etwas zusammen machen, dass vielleicht jemand, der schon lange alleine ist, in die Gemeinschaft eingebunden ist und am Leben teilnehmen kann ... (Aussage im Nachgespräch, Mitforschende Sylke)*

Und schließlich spielt auch die (Re)aktivierung und das Teilen von praktischem Gegenstands-Wissen eine Rolle, die der Hierarchisierung von Wissen im Mainstream-Markt kollektive Wissen-Ressourcen entgegensetzt.

Die vorangehende Tabelle stellt die zuvor beschriebenen Facetten einer Kultur sozialer Nicht-Nachhaltigkeit den alternativen (Be)Deutungen sozialer Praktiken des Reparierens und Selbermachens gegenüber, die als potentielle Beispiele einer Kultur sozialer bzw. sozial-ökologischer Nicht-Nachhaltigkeit gesehen werden können.

5 Fazit: Kultur sozialer Nachhaltigkeit und Gemeinschaften der Eigenarbeit

Die aufgeführten Zitate haben in diesem Beitrag vor allem einen illustrierenden Charakter. Sie sind Bedeutungszuweisungen von Menschen, die alleine oder in Gemeinschaften Gegenstände reparieren und selbst herstellen, aber auch von solchen, die dies im Rahmen eines Bürgerforschungsprojekts zum ersten Mal bewusst ausprobiert und sich dabei beobachtet haben. Es muss angemerkt werden, dass es hier um – zwar geteilte, aber dennoch subjektive – Selbstbeschreibungen und Bedeutungszuweisungen handelt, die vor allem bestimmte, eher positiv konnotierte Facetten der sozialen Praxis des Reparierens und Selbermachens hervorheben. In den vielen Begegnungen und Beobachtungen des Forschungsprojekts ging es demgegenüber auch oft um die Mühen und Anstrengungen, die mit dem Reparieren und Selbermachen verbunden sind. Die eigene Widerständigkeit gegenüber den normalisierten Praktiken und Strukturen der gegenwärtigen Produktions- und Konsumsysteme ist bisweilen körperlich spürbar, es kostet Nerven und es werden buchstäblich Blut, Schweiß und Tränen vergossen. Die Verhaltenskosten für alternatives Handeln sind hoch, der Kraftakt schafft aber auch eine Form von Autonomie wie folgendes Zitat auf den Punkt bringt:

> *Das kostet echt Überwindung und Zeit [...] das kostet auch Selbstdisziplin. Aber es gibt mir auch dieses Gefühl autark zu sein, also dieses Gefühl unabhängig zu sein. Ich kann durch jedes Kaufhaus segeln, egal was da für Angebote sind, das interessiert mich nicht die Bohne. Warum soll ich wissen, wie ein Waschmittel aussieht und duftet, wo ich meins selbermache, dauert 10 Minuten, aber du musst es draufhaben. (Aussage in Gruppendiskussion, Mitforschende Sabine)*

Dennoch sind die beschriebenen Praktiken und die damit verbundenen alternativen Wertzuweisungen nicht einfach generalisierbar. Nicht jeder Mensch wird aus dem Reparieren und Selbermachen ähnlich viel Wert und Bedeutung schöpfen, wie die hier zitierten Personen. Nicht jede*r wird sich den Anforderungen an Kreativität und Durchhaltevermögen gewachsen fühlen, viele werden die materiellen, kognitiven und zeitlichen Ressourcen nicht aufwenden wollen oder verfügbar haben und etliche auch einfach andere Prioritäten setzen. Eine Generalisierung ist aber auch nicht nötig. Die Gemeinschaften des Reparierens und Selbermachens – ob sie sich nun physisch oder virtuell zusammenfinden oder eine gefühlte Gemeinschaft bilden – sind wie oben angedeutet vielmehr als soziale Innovation zu sehen, die nicht nur praktische Alternativen entwickeln, sondern zunächst auch grundsätzlich zeigen, dass Alternativen überhaupt möglich sind. Sie sind Teil einer Graswurzelbewegung zu einer anderen Konsum-Praxis, die Formen des Prosuming (Blättel-Mink und Hellmann 2009) oder Produsing (Bruns 2008) erlebbar und zugänglich machen. Sie tragen darüber hinaus neue, aber auch alte Narrative und Konzepte von gutem Leben in den gesellschaftlichen Diskurs ein, indem sie Geschichten von individueller und kollektiver Selbstwirksamkeit sowie von dem Wert und der Bedeutung von Gegenständen erzählen und den vielfältigen Wirkungen des Sich-Kümmerns.

Partizipative Forschungsprojekte wie das hier beschriebene, können Wirkungsdimensionen sozialer Innovation aufzeigen und qualitative Einblicke in die Aneignung und Alltagsintegration der damit verbundenen sozialen Praktiken geben. Für die weitere Betrachtung und insbesondere das Ausloten des transformativen Potentials könnte eine eingehendere Betrachtung von Reparieren und Selbermachen als Form der Eigenarbeit sowie der Gemeinschafts- und Care-Arbeit sein. Arbeit bildet in einigen Konzeptionen sozialer Nachhaltigkeit eine wesentliche Rolle. So schreiben beispielsweise Grießler und Littig (2005, 10 – 11): „Modern societies are working societies [where work is not just a] means to use nature and to ensure people's livelihood and the satisfaction of their needs, but rather [...] the primary means to stratify and structure society and organize individual lives". Wie die folgende Abbildung zeigt, sind soziale Bedürfnisse in die natürlichen Lebensgrundlagen einzubetten bzw. mit ihnen in einer nachhaltigen Balance zu gestalten.

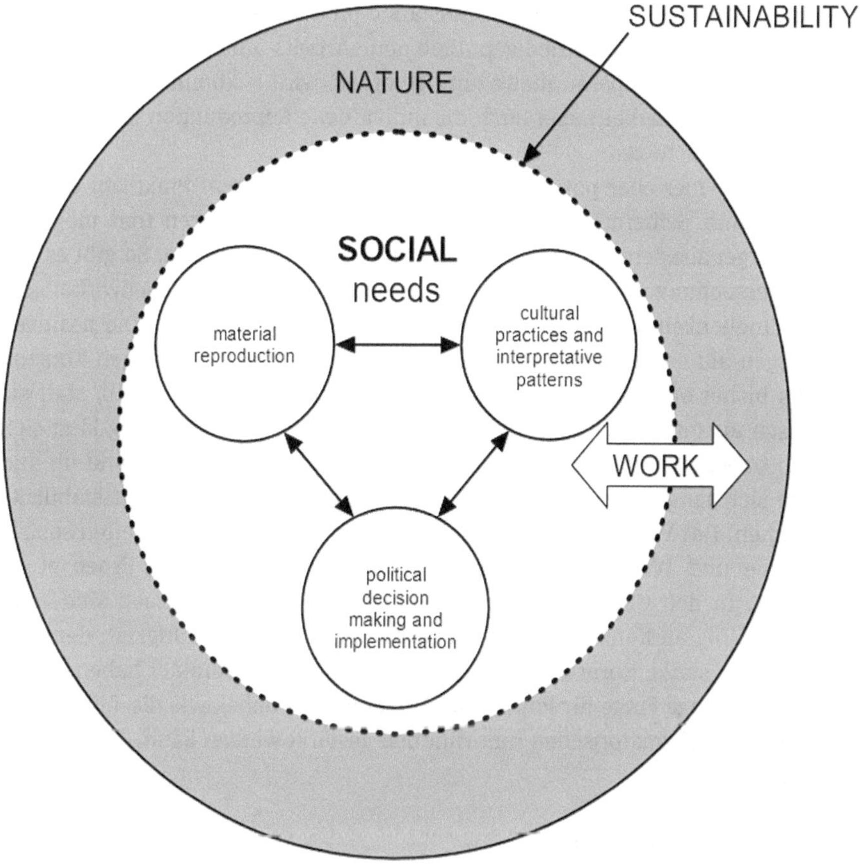

Abbildung 2: Arbeit als vermittelndes Konzept von sozialer und ökologischer Nachhaltigkeit (Abbildung aus Grießler und Littig 2005)

Reparieren und Selbermachen kann potentiell zu den Formen der Arbeit gezählt werden, die zwischen Natur bzw. natürlichen Ressourcen vermitteln können. Die oben genannten Beispiele zeigen, dass die Eigenarbeit eine Wertschätzung für Ressourcen vermitteln und ausdrücken kann, dass die Wertigkeit von Dingen bei solchen, die selbst geschaffen oder repariert sind, höher ist und längerfristig besteht. Reparatur-Initiativen und Offene Werkstätten reproduzieren als Gemeinschaften der Eigenarbeit kulturelle Praktiken und interpretative Muster einer kulturellen Praxis sozialer Nachhaltigkeit. Die hieran beteiligten Menschen empfinden sich oftmals als selbstwirksam und emanzipiert, sie beteiligen sich auf ihre Art und Weise an gesellschaftlichen Prozessen und wirken als Kollektiv – wie die Kampagne „Recht auf Reparatur" zeigt, auch auf politische Entscheidungsfindung ein. Gleichzeitig werden Gegenstände produziert oder wiederhergestellt, die Konsumbedürfnisse befriedigen. Eine neue Arbeits- und Zeitpolitik – wie sie nicht nur von der Reparaturbewegung gefordert wird – könnte diese Gemeinschaften der Eigenarbeit, aber auch die individuelle Reproduktion im Alltag der Menschen unterstützen.

Trotz der hier eher positiv konnotierten Darstellung von Praktiken des Reparierens und Selbermachens sollten auch Herausforderungen und mögliche Probleme genauestens im Blick behalten und untersucht werden. So gibt es wenige Untersuchungen, die sich explizit mit den Wirkungen und Nebenwirkungen, der Zugänglichkeit oder auch den Zugangsbarrieren beschäftigen. Die positiven Wirkungen auf soziale Kohäsion, Selbstwirksamkeit und nachhaltigen Konsum werden bisher oft eher als Potential formuliert (Eichhorn et al. 2019), statt sie empirisch als tatsächliche Langzeiteffekte nachzuweisen. Gleichzeitig lässt sich danach fragen, wie inklusiv diese Gemeinschaften tatsächlich sind und ob und wie sie sich langfristig als soziale Praxis kultureller Nachhaltigkeit stabilisieren können. Des Weiteren können auch in diesen neuen Gemeinschaften soziale Stereotype und Wissenshierarchien reproduziert werden (Jaeger-Erben et al. 2019). Die in den Gemeinschaften reproduzierten sozialen Normen sind zwar anschlussfähig an Konzepte sozialer und ökologischer Nachhaltigkeit, dennoch kann eine zu starke Normativität auch ausschließenden Charakter haben.

Eine wichtige Frage für Politik und Forschung ist daher, wie die Teilhabe an potentiell transformatorischen Innovationen gestärkt werden kann.

Literaturverzeichnis

Anderson, Chris. 2012. *Makers: The New Industrial Revolution.* London: Random House Business.

Atkinson, Paul. 2006. „Do It Yourself: Democracy and Design." *Journal of Design History* 19(1): 1–10.

Baumann, Zygmunt. 2009. *Leben als Konsum.* Hamburg: Hamburger Edition.

Bix, Amy. 2009. „Creating 'Chicks Who Fix': Women, Tool Knowledge, and Home Repair, 1920–2007." *WSQ: Women's Studies Quarterly* 37: 38–60.

Blättel-Mink, Birgit, Brohmann, Bettina, Defila, Rico, Di Giulio, Antonietta, Fuchs, Doris, Gölz, Sebastian, Götz, Konrad und Martina Schäfer. 2013. *Konsumbotschaften. Was Forschende für die gesellschaftliche Gestaltung nachhaltigen Konsums empfehlen.* Stuttgart: S. Hirze.

Blättel-Mink, Birgit und Kai-Uwe Hellmann, Hg. 2009. *Prosumer Revisited. Zur Aktualität einer Debatte.* Wiesbaden: VS Verlag.

Boschung, Dietrich, Kaerlein, Timo und Stefan Udelhofen. 2019. *Die kulturelle Figuration der Obsoleszenz.* Würzburg: Königshausen und Neumann.

Brand, Ulrich und Markus Wissen. 2017. *Imperiale Lebensweise. Zur Ausbeutung von Mensch und Natur im globalen Kapitalismus.* München: oekom.

Brie, Michael. 2015. *Polanyi neu entdecken: Das hellblaue Bändchen zu einem möglichen Dialog von Nancy Fraser und Karl Polanyi.* Hamburg: VSA Verlag.

Bruns, Axel. 2008. *Blogs, Wikipedia, Second Life, and beyond: from production to produsage.* New York: Peter Lang Publishing.

Bühl-Gramer, Charlotte. 2016. „Trödelshows im Fernsehen – Geschichte als Ware." *Public History Weekly, The International Blogjournal* 4: 24. https://public-history-weekly.degruyter.com/4-2016-24/antiques-shows-television-history-commodity/ (22. 3. 2020)

Chapman, Jonathan. 2014. „Designing Meaningful & Lasting User Experiences." In *Love Objects: Emotion, Design & Material Culture*, hg. von Anna Moran and Sorcha O'Brien, 137–148. London: Bloomsbury.

Charter, Martin und Scott Keiller. 2014. *Grassroots Innovation and the Circular Economy.* Projekt Report. http://cfsd.org.uk/site-pdfs/circular-economy-and-grassroots-innovation/Survey-of-Repair-Cafes-and-Hackerspaces.pdf (23. 3. 2020)

Cooper, Tim. 2010. *Longer lasting products: alternatives to the throwaway society.* Farnham: Gower.

Eichhorn, Daniel, Lindenthal, Alexandra, Hanke, Gerolf und Kora Kristof. 2019. „Wandelprozesse verstehen und gestalten." *Hintergrund* Mai 2019. Dessau: Umweltbundesamt. https://www.umweltbundesamt.de/sites/default/files/medien/1410/publikationen/190620_uba_hg_wandelprozesse_erfolgreich_gestalten_bf.pdf (23. 2. 2020)

Fligstein, Neil. 2011. *Die Architektur der Märkte.* Wiesbaden: VS Verlag.

Galbraith, John K. 1958. *The Affluent Society.* Boston: Houghton Mifflin Harcourt.

Gauntlett, David. 2013. *Making is connecting.* Cambridge: Polity Press.

Graham, Stephen und Nigel Thrift. 2007. „Out of Order: Understanding Repair and Maintenance." *Theory, Culture & Society* 24: 1–25.

Gregson, Nicky, Metcalfe, Alan und Louise Crewe. 2009. „Practices of Object Maintenance and Repair: How consumers attend to consumer objects within the home." *Journal of Consumer Culture* 9: 248–272.

Grießler, Erich und Beate Littig. 2005. „Social sustainability: a catchword between political pragmatism and social theory." *International Journal for Sustainable Development* 8 (1/2): 65–79. https://nbn-resolving.org/urn:nbn:de:0168-ssoar-5491

Gutowski, Timothy, Taplett, Amanda, Allen, Anna, Banzaert, Amy et al. 2008. „Environmental life style analysis (ELSA)." In *IEEE International Symposium on Electronics and the Environment.* http://web.mit.edu/ebm/www/Publications/ELSA%20IEEE%202008.pdf (22. 3. 2020)

Haupt, Heinz-Gerhard und Claudius Torp, Hg. 2009. *Die Konsumgesellschaft in Deutschland 1890–1990. Ein Handbuch.* Frankfurt/ M.: Campus Verlag.

Hielscher, Sabine und Adrian Smith. 2014. *Community-based digital fabrication workshops: a review of the research literature.* Working Paper. Brighton, Sussex: University of Sussex.

Hitzler, Ronald und Anne Honer. 1988. „Reparatur und Repräsentation: zur Inszenierung des Alltags durch Do-It-Yourself." *Soziale Welt* Sonderband 6: 267–283.

Hoftijzer, Jan W. 2009. „DIY and Co-creation: Representatives of a Democratizing Tendency. Design Principles & Practices" *An International Journal* 3(6): 69–81.

Houston, Lara, Jackson, Stephen J., Rosner, Daniela K., Ahmed, Syed I., Young, Meg und Laewoo Kang. 2016. „Values in repair." In *Proceedings of the 2016 CHI conference on human factors in computing systems*, 1403–1414.

Jaeger-Erben, Melanie und Tamina Hipp. 2018. „Geplanter Verschleiß oder Wegwerfkonsum? Verantwortungsdiskurse und Produktverantwortung im Kontext kurzlebiger Konsumgüter." In *Reflexive Responsibilisierung. Verantwortung für nachhaltige Entwicklung*, hg. von Nikolaus Buschmann, Anna Henkel, Lars Hochmann und Nico Lüdtke, 373–394. Bielefeld: transcript.

Jaeger-Erben, Melanie, Meissner, Magdalena, Hielscher, Sabine und Marco Vonnahme. 2019. „Herausforderung soziale Teilhabe: Repair-Cafés als Orte inklusiver nachhaltiger Entwicklung?" *Soziologie und Nachhaltigkeit* 5(3): 44–65.

Kohtala, Cindy. 2014. „Addressing Sustainability in Research on Distributed Production: An Integrated Literature Review." *Journal of Cleaner Production* 106: 654–668.

Lessenich, Stephan. 2016. *Neben uns die Sintflut: die Externalisierungsgesellschaft und ihr Preis.* Berlin: Hanser.

Mazzucato, Mariana. 2018. *The value of Everything.* Milton Keynes: Penguin Books.

McLaren, Duncan P. 2018. „In a broken world: Towards an ethics of repair in the Anthropocene." *The Anthropocene Review* 5(2): 136–154.

Meißner, Magdalena, Hielscher, Sabine und Melanie Jaeger-Erben. 2019. „Helping people to help themselves? Care and repair in DIY initiatives." In *Proceedings of the 19th European Roundtable for Sustainable Consumption and Production Circular Europe for Sustainability: Design, Production and Consumption*, hg. von Jordi Segalàs Coral und Boris Lazzarini, Volume 2, 283–298.

Müller, Edda. 2002. „Der Stellenwert sozialer Themen in der nationalen Nachhaltigkeitsstrategie." In *Zivilgesellschaft und soziale Nachhaltigkeit – Forum zur nationalen Nachhaltigkeitsstrategie.* Tagungsband, hg. vom BMFSFJ, 13–19. Berlin: Bank für Sozialwirtschaft. https://www.bmfsfj.de/blob/94628/b21973e10b4163aec9f118867afdefc5/prm-20793-broschure-zivilgesellschaft-un-data.pdf (22.3.2020)

Polanyi, Karl. 1927. „Über die Freiheit". In: ders. *Chronik der großen Transformation: Artikel und Aufsätze (1920–1945).* Bd. 3: *Menschliche Freiheit, politische Demokratie und die Auseinandersetzung zwischen Sozialismus und Faschismus*, hg. von Michele Cangiani, Kari Polanyi-Levitt und Claus Thomasberger, 137–170. Marburg: Metropolis.

Polanyi, Karl. 1944. *The Great Transformation. The Political and Economic Origins of Our Time.* Boston MA: Beacon Press.

Polanyi, Karl. 2005. „Notizen von Trainings-Wochenenden der christlichen Linken" [1937/38]. In: ders. *Chronik der großen Transformation: Artikel und Aufsätze* (1920–1945). Bd. 3: *Menschliche Freiheit, politische Demokratie und die Auseinandersetzung zwischen Sozialismus und Faschismus*, hg. von Michele Cangiani, Kari Polanyi-Levitt und Claus Thomasberger, 265–273. Marburg: Metropolis.

Polanyi, Karl. 2005b. *Chronik der großen Transformation: Artikel und Aufsätze* (1920–1945). Bd. 3: *Menschliche Freiheit, politische Demokratie und die Auseinandersetzung zwischen Sozialismus und Faschismus*, hg. von Michele Cangiani, Kari Polanyi-Levitt und Claus Thomasberger. Marburg: Metropolis.

Ratto, Matt und Megan Boler. 2014. *DIY Citizenship: Critical Making and Social Media.* The MIT Press.

Rubik, Frieder, Müller, Ria, Harnisch, Richard, Schipperges, Michael und Sonja Geiger. 2019. *Umweltbewusstsein in Deutschland 2018*. Berlin: BMU. https://www.umweltbundesamt.de/sites/default/files/medien/1410/publikationen/ubs2018_-_m_3.3_basisdatenbroschuere_barrierefrei-02_cps_bf.pdf (22. 3. 2020)

Schor, Juliet B. 2010. *Plenitude: The New Economics of rue Wealth*. New York: Penguin Press.

Sen, Amartya K. 2013. „The ends and means of sustainability", *Journal of Human Development and Capabilities* 14: 6 – 20.

Stiglitz, Joseph E., Sen, Amartya K. und Jean-Paul Fitoussi. 2009. *Report by the commission on the measurement of economic performance and social progress. Commission on the Measurement of Economic Performance and Social Progress*. Paris.

Strebel, Ignaz, Bovet, Alain und Sormani, Philippe, Hg. 2019. *Repair work ethnographies: Revisiting breakdown, relocating materiality*. Springer.

Swyngedouw, Erik. 2007. „Impossible 'Sustainability' and the Post-Political Condition." In *The Sustainable Development Paradox*, hg. von David Gibbs und Rob Krueger, 13 – 40. New York: Guilford Press.

Troxler, Peter. 2011. „Libraries of the Peer Production Era". In *Open Design Now*, hg. von Bas van Abel et al., 86 – 97. Amsterdam: BIS Publisher.

Vallance, Suzanne, Perkins, Harvey C. und Jennifer E. Dixon. 2011. „What is social sustainability? A clarification of concepts". *Geoforum* 42(3): 342 – 348.

Walter-Herrmann, Julia und Corinne Büching. 2013. *FabLab: Of Machines, Makers and Inventors*. Bielefeld: Transcript Verlag.

WBGU. 2011. *Welt im Wandel – Gesellschaftsvertrag für eine Große Transformation*. Berlin: WBGU.

Wright, Erik O. 2017. *Reale Utopien. Wege aus dem Kapitalismus*. Berlin: Suhrkamp Verlag.

Torsten Meireis

Der diskrete Charme der Jutetasche

Christentum, Kultur und soziale Nachhaltigkeit in theologischer Perspektive

Die Einsicht in die Bedeutung von Religion und Religionen für das Nachhaltigkeitsthema hat sich nach fast 45 Jahren des Engagements religiöser Gruppierungen auch bis zu den Vereinten Nationen herumgesprochen. Gerade angesichts der Herausforderungen durch Klimawandel (Lienkamp 2017), die Begrenzung der planetaren Ressourcen (Rockstrøm et al. 2009) und die zu erwartenden Folgewirkungen (Rahmstorf und Schellnhuber 2018) ist dieser Wahrnehmungsfortschritt aus theologisch-ethischer Sicht unbedingt zu begrüßen, auch wenn die dabei vorherrschende, weitgehend instrumentelle Sicht auf die Religionen problematisch bleibt (Meireis 2020a). 2010 wurde eine *UN Inter-Agency Task Force on Engaging Faith-Based Actors for Sustainable Development* (UN IATF-FBOs) eingesetzt, der insgesamt 19 Agenturen der Vereinten Nationen angehören. 2017 hat das Umweltprogramm der Vereinten Nationen (UNEP) dann eine *Faith for Earth-Initiative* mit dem Ziel lanciert, „to encourage, empower and engage with faith-based organizations as partners, at all levels, toward achieving the Sustainable Development Goals and fulfilling the 2030 Agenda." (UNEP 2020) Das Interesse des UNEP ist dabei eindeutig und – am Maßstab seiner Aufgabe – auch einleuchtend: Religiöse Akteure und Akteurinnen sollen für die Durchsetzung von Nachhaltigkeitszielen in der relativ jüngsten Fassung der Sustainable Development Goals gewonnen werden. Dabei ist es in der Regel vor allem die ökologische und sozialkulturelle Dimension der Nachhaltigkeit, die besonders im Blick ist, bestimmen nach Auffassung der UNEP doch in vielen Ländern „spirituelle Auffassungen und Religionen das Verständnis kultureller Werte, sozialer Inklusion, politischen Engagements und wirtschaftlicher Prosperität"[1]. Die *Faith for Earth-Initiative* verfolgt vorrangig drei Ziele: sie sucht Organisationen und ihre Leitungen zum Einsatz für den Schutz der Umwelt zu inspirieren und zu ermächtigen, sie möchte sie dazu ermutigen, ihre Finanzanlagen und Investitionen im Sinne der Implementierung der SDGs zu gestalten und sie möchte sie mit Wissen und Kontakten ausstatten, um es ihren Leitungen zu ermöglichen, effektiv mit Ent-

1 UNEP 2020; Übersetzung durch TM, Original: „Spiritual values drive individual behaviours for more than 80 per cent of people. In many countries, spiritual beliefs and religions define cultural values, social inclusion, political engagement and economic prosperity."

https://doi.org/10.1515/9783110713084-006

scheidungsträgern und der Öffentlichkeit zu kommunizieren.[2] Die Wahrnehmung von Religion ist insofern instrumentell, organisations- und hierarchiebezogen, Religionen werden vorrangig als zivilgesellschaftliche Organisationen wahrgenommen, deren Leitungen zur Geltendmachung ihres öffentlichen und innerorganisatorischen Einflusses im Sinne sozialökologischer Ziele ermutigt und ermächtigt werden sollen.

So einleuchtend dieser Zugriff aus der unmittelbar am engeren politischen Gremienalltag orientierten Perspektive von *policy cycle* und *agenda building* auch sein mag, lässt sich doch fragen, ob der Zusammenhang von Religion und sozialer Nachhaltigkeit hier eigentlich plausibel erfasst wird. Denn weder wird die hier anvisierte Instrumentalisierung der Religion der Eigendynamik kulturell-religiöser Phänomene gerecht (Meireis 2018) noch lässt sich ‚Religion' ohne Weiteres auf bestimmte zivilgesellschaftliche Organisationen reduzieren, deren Leitungen man als Lobbyisten in Anspruch zu nehmen sucht – selbst dann, wenn die vertretene Sache eine gute ist. Zudem fragt sich, ob mit der beabsichtigten Indienstnahme bestimmter religiöser Leitfiguren die Wirkung von Religion nicht gleichzeitig über- und unterschätzt wird. Eine Überschätzung liegt vor, weil es wenig plausibel ist, dass das Votum bestimmter religiös-partikularer Leitungsfiguren in Zeiten globaler religiös-weltanschaulicher Pluralität denjenigen Einfluss generieren kann, den die Autor*innen des Programms sich erhoffen – auch ein Votum des Papstes der römisch-katholischen Kirche, einer ohne Zweifel weltweit prominenten Person, kann nicht auf unmittelbare Überzeugungswirkung hoffen, und zwar weder in seiner eigenen Kirche noch gar in anderen religiös-weltanschaulichen Zusammenhängen. Eine Unterschätzung ergibt sich, weil Religion – man darf vermuten: uneingestandenerweise am Muster der christlichen Kirchen – letztlich auf eine bestimmte Vergemeinschaftungsform reduziert wird, aber eben auch andere Praxisformen und damit auch andere soziale Wirkungen entwickelt, als in dieser Perspektive in den Blick geraten.

Wenn der Zusammenhang von Religion und sozialer Nachhaltigkeit theologisch in den Blick genommen werden soll, dann ist zunächst zu klären, wie ein ‚religiöser' Einfluss auf Nachhaltigkeitstransformationen überhaupt aussehen kann und in welcher Weise eigentlich von Religion und Theologie gesprochen werden sollte. Zweitens lässt sich dann überlegen, was aus einem religiösen Blickwinkel unter ‚sozialer Nachhaltigkeit' zu verstehen ist und drittens, welche

2 UNEP 2020; Übersetzung TM, Original: „Faith for Earth has three main goals: to inspire and empower faith organizations and their leaders to advocate for protecting the environment, to green faith-based organizations' investments and assets to support the implementation of SDGs, and to provide them with knowledge and networks to enable their leaders to effectively communicate with decision-makers and the public."

nachhaltigkeitsrelevanten Beiträge von religiösen Akteurinnen und Akteuren bzw. ihren Praxen zu erwarten sein könnten und welche Probleme sich angesichts der Eigendynamik kulturell-religiöser Figurationen dabei stellen – all dies wird hier am Beispiel einer christlich-protestantischen Perspektive entfaltet. Im Ergebnis ist ein differenzierteres, realistischeres Bild des Beitrags religiöser Akteure und Praxen zur Nachhaltigkeitsthematik zu erwarten als dasjenige, das bisher im Kontext der – prinzipiell hochplausiblen – *Faith for Earth-Initiative* vorherrscht.

1 Religiöser Einfluss auf Nachhaltigkeitstransformationen

Nimmt man das bekannte Mehrebenenmodell der Transformationsforschung auf, wie es Grin, Rotmans und Schot (2010, 25) entwickelt haben, lässt sich der Einfluss religiöser Praxen, Vorstellungen und Traditionen wesentlich auf zwei dieser Ebenen verorten, der Nischenebene und der Ebene der soziotechnischen Regime. Zur Erinnerung: Zur Beschreibung gesellschaftlicher Transformationen unterscheidet das benannte Modell drei Ebenen sozio-technischer Konfiguration.

Als die von individuellen oder institutionellen Akteurinnen und Akteuren eines gegebenen gesellschaftlichen Kontexts kurzfristig am wenigsten beeinflussbare Ebene wird die der ‚sozio-technischen Landschaft' konzeptualisiert – hier werden globale Grundlagen wie etwa das Klima oder Megatrends wie z. B. die Industrialisierung benannt, auf diese Ebene gehören aber auch disruptive Ereignisse wie Großanlagenunfälle oder Kriege.

Im Kontext dieser Landschaften entwickeln sich sozio-technische Regime, die sich im Zusammenspiel unterschiedlicher gesellschaftlicher Institutionen, Organisationen und Subsysteme durch Einschlussmechanismen (‚lock-in-mechanisms') dynamisch stabilisieren. Gemeint ist, dass etwa eine bestimmte Technologie wie etwa die Atomenergie zu einer bestimmten Zeit von Wissenschaftlerinnen und Technikern als wegweisend eingeschätzt wird und dann das weitere Denken bestimmt, die technische Lösungssuche in bestimmte Richtungen lenkt und Alternativen als uninteressant erscheinen lässt (‚kognitive Regeln'), dass weiterhin Verträge etwa zwischen Energieversorgern und dem Staat, Gesetze und Verordnungen über staatliche Zuschüsse (‚regulative Regeln') durch die Finanzierung der entsprechenden Technologie Pfadabhängigkeiten produzieren und sich Menschen in ihren Werten, Lebensstilen und Gewohnheiten auf die Technologien und Verfahren einstellen (‚normative Regeln'). Die wechselseitigen Prozesse der Einstellung und Interdependenz sorgen dann für eine dynamische Stabilisierung, weil etwa der Ausstieg aus der Technologie durch den Verlust von Arbeitsplätzen und investierten privaten und öffentlichen Mitteln erheblichen finanziellen Aufwand, technologisches und wertbezogenes Umdenken und Unsicherheit bedeutete. Im Beispiel: Erst die Havarie eines dem neuesten technischen Sicherheitsstandard entsprechenden Atomkraftwerks in einer der technisch und ökonomisch bestausgestatteten Nationen der Welt, die Katastrophe im japanischen Fukushima, die in Deutschland als Spitzenereignis einer Kette von nuklearen Großhavarien wahrgenommen wurde, führte zur politischen Entscheidung eines Ausstiegs aus der Versorgung mit Atomenergie.

Unterhalb der sozio-technischen Regime liegen die ökonomischen, technologischen und sozialen Nischen, die oft nur durch erhebliche individuelle oder Anstrengungen kleiner Gruppen überhaupt bespielt werden können und im Kontext der dominanten sozio-technischen Regime je nach Standpunkt entweder als Pionier- oder als Außenseiterverfahren (‚Spinner‘) gelten – Beispiele sind etwa die frühe ökologische Landwirtschaft, aber auch die Anfänge der erneuerbaren Energien. Die Chance, dass die dominierenden sozio-technischen Regime aus diesen Nischen heraus verändert werden, ist in der Regel – schon aufgrund der dynamischen Stabilisierung der dominierenden Regime – äußerst gering. Erst wenn auf der Ebene der sozio-technischen Landschaften disruptive Ereignisse oder Megatrends auf die dominierenden Regime einwirken, wird u.U. auf die Nischen zurückgegriffen: So hat die Verbindung von globaler Umwelt- und Klimaentwicklung mit den disruptiven Ereignissen der Großhavarien dazu beigetragen, die erneuerbaren Energien, die lange ein Nischendasein fristeten, auch politisch hoffähig zu machen, sodass sie höheren Einfluss auf die dominanten sozio-technischen Regime gewinnen konnten.

Religion kann selbstverständlich sehr unterschiedlich konzeptualisiert werden – für die Zwecke der folgenden Überlegungen soll ein diskursanalytisch offener Religionsbegriff Verwendung finden, der es erlaubt, unterschiedliche Phänomene, die landläufig als ‚Religion‘ gelten, mit einzubeziehen (Bergunder 2011, Neubert 2016). So lassen sich etwa mit dem Religionsbegriff allgemein Praktiken verbinden, die sich auf im weiteren Sinne übermenschliche Mächte beziehen (Riesebrodt 2007, 108–109), aber eben auch historisch manifeste Traditionskomplexe, ‚Weltreligionen‘, bezeichnen, (so noch in kritischer Abgrenzung Schäfer und Wienold 2012), die nicht nur, aber auch von Religionsintellektuellen mitgeprägt und bearbeitet werden.

Während es im ersten Fall um Praktiken geht, die sich etwa als handelnde Entsprechung zu als göttlich verstandenen Geboten verstehen („die Schöpfung bewahren, Gerechtigkeit üben“), kann es im zweiten Fall um die Propagierung intellektueller Narrative und Konzepte gehen. Weil auf allen sozio-technischen Ebenen Wertvorstellungen und konkrete Praxen von Bedeutung sind, spielen auch religiöse Figurationen eine Rolle. Im Nischensegment sind dies etwa religiös-normativ begründete Praktiken, wie sie im Folgenden am Beispiel des ökofairen Handels dargestellt werden, und die zunehmend in das sozio-technische Regime diffundiert sind, im Kontext der sozio-technischen Regime selbst sind es etwa religiös begründete Wertvorstellungen, die im Nachhaltigkeitskontext gesellschaftliche Prägewirkung entfaltet haben.

Theologie, wie sie hier verstanden wird, ist dabei nicht mit Religion identisch, sondern beobachtet als Reflexionswissenschaft – hier: des christlichen Glaubens – einerseits die religiös-normative Dimension öffentlicher Nachhaltigkeitsdebatten, andererseits die öffentlichkeitsrelevante normative Dimension religiöser und theologischer Debatten (Meireis 2020b). Der Vorzug der Theologien, wie ich hier die Reflexionsdisziplinen religiöser Gemeinschaften mit einer gewissen Begriffsunschärfe nenne, die sich der partikularen Herkunft des Begriffs verdankt, gegenüber religionswissenschaftlichen Zugriffen besteht in der genaueren Einstellung auf die Eigenlogik entsprechender Auffassungen.

2 Soziale Nachhaltigkeit

Für die Darstellung des grundlegenden Verständnisses der Bedeutung sozialer Nachhaltigkeit werde ich mich an dieser Stelle auf eine historische Quelle beziehen, nämlich die 1974 anlässlich der Bukarester Konsultation des Ökumenischen Rats der Kirchen entwickelte Definition der ‚sustainable society', der nachhaltigen Gesellschaft. Es ist natürlich begründungspflichtig, wenn hier schon in der Bestimmung des Gegenstands in anachronistischer Weise auf eine partikulare religiöse Quelle zurückgegriffen wird – hat sich doch die Rede von ‚sozialer Nachhaltigkeit' erst in der Folge des 1987 veröffentlichten Berichts der World Commission on Environment and Development ‚Our common future' im Bereich der Vereinten Nationen verbreitet und beansprucht Geltung in einem weltanschaulich pluralen politischen Kontext. Allerdings lässt sich für ein solches Vorgehen argumentieren, dass hier bereits sehr früh die materialen Aspekte sozialer Nachhaltigkeit gegeben sind: Denn die Verbesserung der Lebensqualität gerade in den ärmeren Regionen der Welt wird schon in diesem frühen Dokument mit der ökologischen Aufgabe der Nachfragebegrenzung in Verbindung gebracht. Zudem werden umgekehrt auch die ökologischen Bedingungen sozialer Gerechtigkeit thematisiert:

> Das Ziel muß in einer widerstandsfähigen und nachhaltigen (robust and sustainable) Gesellschaft bestehen, in der jedes Individuum sich sicher fühlen kann, daß seine Lebensqualität gewährleistet oder verbessert werden wird. Wir können hier bereits einige notwendige Merkmale beschreiben, durch die eine solche bestandfähige (enduring) Gesell-

> schaft gekennzeichnet sein müßte. Zum ersten kann soziale Stabilität nicht ohne eine gerechte Verteilung dessen erreicht werden, woran gemeinhin Knappheit besteht, und nicht ohne gleiche Möglichkeiten der Teilhabe an gesellschaftlichen Entscheidungen. Zum zweiten wird eine widerstandsfähige (robust) Gesellschaft nicht nachhaltig (sustainable) sein, wenn nicht die Gesamtnachfrage nach Nahrung zu jeder Zeit unterhalb der weltweiten Möglichkeit zu ihrer Befriedigung bleibt, und wenn nicht der Ausstoß von Umweltgiften deutlich hinter der Aufnahmekapazität des Ökosystems zurückbleibt. Zum dritten wird die neue soziale Organisation der Gesellschaft nur so lange nachhaltig sein, wie die Verbrauchsrate der nicht-erneuerbaren Ressourcen die Zunahme an Ressourcen, die durch technologische Innovation zugänglich werden, nicht übersteigt. Schließlich erfordert eine überlebensfähige Gesellschaft ein Maß menschlicher Aktivitäten, das nicht durch die unaufhörlichen, umfassenden und häufigen natürlichen Änderungen des globalen Klimas nachteilig beeinflußt wird.[3] (WCC 1974, zit. bei Stierle et al. 1996, 551; engl. Vischer 1993)

Soziale Nachhaltigkeit wird hier im Sinne der Bestandsfähigkeit gegebener Gesellschaften verstanden und als Verbindung von vier Faktoren aufgefasst, zu denen unter anderem die angemessene Verteilung knapper Güter, vor allem Nahrung, und politischer Teilnahmechancen, die Begrenzung von Ressourcenverbrauch und Umweltschädigung sowie ein resilienter Umgang mit dem Klima gehören. Das ist insbesondere deswegen bemerkenswert, weil ‚social sustainability' noch in Nachschlagewerken des 21. Jahrhunderts als „a relatively neglected dimension of debate" (Partridge 2014, 6179) gilt: „While this neglect is widely acknowledged, the relationship between sustainability and social questions remains underexplored, and in particular there is little attention given to 'the social' as a dimension of sustainability in its own right." Gerade diese Aufmerksamkeit für das Eigenrecht der sozialen Dimension ist nun aber im Programm der ‚sustainable society' mit Händen zu greifen.

3 Vischer 1993 englisch: „The goal must be a robust, sustainable society, where each individual can feel secure that his quality of life will be maintained or improved. We can already delineate some necessary characteristics of this enduring society. First, social stability cannot be obtained without an equitable distribution of what is in scarce supply and common opportunity to participate in social decisions. Second, a robust global society will not be sustainable unless the need for food is at any time well below the global capacity to supply it, and unless the emissions of pollutants are well below the capacity of the ecosystem to absorb them. Third, the new social organization will be sustainable only as long as the rate of use of non-renewable resources does not outrun the increase in resources made available through technological innovation. Finally, a sustainable society requires a level of human activity which is not adversely influenced by the never ending, large and frequent natural variations in global climate." [Study Encounter 69, vol. X, 4, 1974, 2.]

3 Nachhaltigkeitsrelevante Beiträge religiöser Akteurinnen und Akteure: Das Beispiel des Christentums

Versteht man soziale Nachhaltigkeit als Verbindung von materieller Teilhabe, politischer Teilnahme und der Berücksichtigung ökologischer Belange, lässt sich argumentieren, dass ein solches Verständnis historisch durch religiöse – in diesem Fall: christliche – Akteure schon relativ früh in die internationale Debatte eingebracht worden ist. So gesehen, gehört die Definition der *sustainable society* bereits zu den konkreten historischen Beispielen einer Verbindung von Religion und sozialer Nachhaltigkeit. Insgesamt zwei solcher konkreter historischer Beispiele sollen hier angeführt werden, um diese dann in ihrer systematischen Bedeutung zu beschreiben – das erste hat mit der soeben bereits zitierten Konzeption der *sustainable society*, das zweite mit konkreten Praxen ökofairen Handels zu tun. Die beispielhafte Zuspitzung auf bestimmte Kontexte verdankt sich der Ausdifferenzierung religiöser Auffassungen und Gruppierungen, die eine umstandslose Verallgemeinerung nicht zulassen – schon im in sich ebenfalls hochdifferenzierten römisch-katholischen Kontext wie in den pentekostalen Gemeinschaften stellen sich die Lagen hinsichtlich der Nachhaltigkeitsfrage z. T. deutlich anders dar, und das gilt in erhöhtem Maße bei einer Ausweitung der Betrachtung auf Religionen und Weltanschauungen außerhalb des Christentums, die im Rahmen eines solchen Aufsatzes natürlich nicht geleistet werden kann.

Doch nun zum ersten der beiden *historischen Beispiele*. Die oben gebotene Inhaltsbestimmung sozialer Nachhaltigkeit ist auf der Ebene religiöser intellektueller Narrative, Traditionen und Theorien angesiedelt, die sich auf der politischen Makroebene internationaler Konferenzen und Diskurse verorten lassen. Hier lässt sich beobachten, dass die Nachhaltigkeitssemantik nicht zuletzt in den internationalen christlich-ökumenischen Debatten der siebziger Jahre des 20. Jh. entwickelt worden ist.

Im Ökumenischen Rat der Kirchen (World Council of Churches), in dem vor allem protestantische mainline-churches und orthodoxe christliche Kirchenvertreter aus den Ländern des globalen Nordens und Südens versammelt sind, wird das Konzept der *sustainable society* 1974 im Anschluss an das während der ökumenischen Versammlung von Amsterdam 1948 entwickelte ältere Konzept der *responsible society* entwickelt. Ging es im Konzept der ‚verantwortlichen Gesellschaft' um die Verantwortlichkeit der politisch und wirtschaftlich Mächtigen und die Verantwortung aller Gesellschaftsmitglieder für die Einforderung solcher Verantwortlichkeit, so zielt das Konzept der *sustainable society*, der ‚nachhaltigen

Gesellschaft,' in der Folge des politisch umstrittenen, aber wesentlich auf Repräsentanten der Kirchen des globalen Südens zurückgehenden Antirassismusprogramms des Ökumenischen Rats auf die Verbindung von globalen sozialen und ökologischen Anliegen. Seit dem Jahr 1975, dem Jahr der Vollversammlung des ÖRK in Nairobi, wird diese Semantik Teil des Titels eines mehrjährigen Studienprogramms. Ein Zitat des 74er Papiers wurde im letzten Abschnitt bereits zur Darstellung des materialen Kerns der sozialen Nachhaltigkeit angeführt. Vorausgegangen waren intensive Debatten über das Verhältnis der Kirchen des globalen Nordens und Südens, aber selbstverständlich spielte auch der Einfluss der ersten UN-Konferenz über die menschliche Umwelt in Stockholm 1972 eine wichtige Rolle (vgl. Liedke 1979, Lienemann 2007).

Nachdem das Konzept der *sustainability* in der Form des *sustainable development* von der Brundtland-Kommission aufgenommen worden war, setzt der ÖRK – beginnend mit der Vollversammlung in Vancouver 1983 – die Arbeit unter dem Titel eines konziliaren Prozesses für Frieden, Gerechtigkeit und die Bewahrung der Schöpfung fort. Normativ wurden dabei auch hier Fragen sozialer Gerechtigkeit mit solchen ökologischer Bewahrung verknüpft, ökologische Impulse, die vor allem von den Gemeinden des Nordens ausgehen, verbanden sich mit den postkolonialen sozialen Anliegen, die im Süden akut waren.

Doch auch, wenn das historische Beispiel die Entwicklung einer international anschlussfähigen Semantik der Nachhaltigkeit durch religiöse Akteurinnen und Akteure deutlich belegt, sind doch Generalisierungen nicht angezeigt: soll es um das Verhältnis von Religion und sozialer Nachhaltigkeit gehen, muss auf jeder Ebene die Komplexität der Zusammenhänge verdeutlicht werden. Auch das lässt sich am skizzierten Beispiel zeigen. Denn schon auf der hier thematischen Ebene religiöser Traditionen, Konzepte und Narrative im Kontext kirchenpolitischer Diskurse blieb der Prozess intern umstritten – während schon das Antirassismusprogramm immer wieder als Teil politischer Destabilisierungsstrategien der Ostblockregime kritisiert wurde (so noch Besier 1996, vgl. aber Tripp 2015), zeigten sich hinsichtlich der theologischen Begründungen Probleme der Kohärenz, bezüglich der soziologischen und politischen Operationalisierung Fragen der Konkretisierung.

Hinsichtlich der theologischen Kohärenz seien an dieser Stelle nur zwei Probleme benannt, die in der weitergehenden innerprotestantischen theologischen Debatte eine Rolle spielten und es unmöglich machen, simple Wirkungsvektoren von Religion auf Nachhaltigkeit deterministisch zu beschreiben. Das Konzept einer ‚Bewahrung der Schöpfung' (*integrity of creation*), das die Semantik der *sustainable society* in der innerökumenischen Debatte nach 1983 ablöst, stellt theologisch die Frage nach dem Subjekt solcher Bewahrung. Während die Programmatik auf die moralische Verantwortung der Christinnen und Christen – und tendenziell: aller Menschen – zielt, ist christlicher Tradition zufolge die Bewahrung der Schöpfung Sache Gottes, und zwar schon deswegen, weil die Menschen, die ja mitsamt ihren Erzeugnissen zur Schöpfung hinzugehören, damit schlechterdings überfordert sind (Meireis 2016, 27–34). Beschreibt doch der Terminus ‚Schöpfung' das Ganze der Welt, also nicht nur einen gegebenen Stand von Natur und Kultur der Erde, sondern den gesamten Kosmos. Dahinter steht theologisch gesehen auch noch das kosmologische Problem der Verbindung von Schöpfungstheologie und naturwissenschaftlicher Beschreibung der Welt, die schon methodisch auf einen unverfügbaren Schöpfer verzichten muss (Link 2012, 109–126). Diese theoretischen Kontroversen spielen auch eine Rolle in der Motivation religiös-christlicher Argumentationen, die sich kritisch gegenüber den klassischen Nachhaltigkeitszielen verhalten (Wanliss 2010, vgl. Ronan 2017).

Doch auch auf der Ebene theoretischer sozio-politischer Operationalisierung stellten sich Probleme ein: denn jenseits der oben zitierten normativen Programmformulierungen blieb die Frage der konkreten Verhältnisbestimmung von Ressourcen-, Medien- und Artenschonung und sozialer Sicherung genauso offen wie die Frage nach konkreten Pfaden wirtschaftlicher, technologischer und kultureller Veränderung. Weil aber die Formulierung religiös-normativer Handlungsprinzipien und Ideale nicht unabhängig von den politischen und ökonomischen Zusammenhängen zu denken ist, in denen sich die Gläubigen bewegen, weil normative Vorstellungen im Rahmen sehr unterschiedlicher politischer und ökonomischer Auffassungen konzeptualisiert werden und weil Gesellschaften und Staaten natürlich plural verfasst sind, also auch Anhänger je anderer weltanschaulicher, religiöser und normativer Vorstellungen umfassen, kann von einer Eindeutigkeit der politisch-ökonomischen Auswirkung solcher religiöser Ideale keine Rede sei.

Dass eine solche Wirkung aber gleichwohl nicht zu bestreiten ist, zeigt auch das zweite der historischen Beispiele. Denn nicht nur auf der Ebene der Semantik und der politischen Programmatik, sondern auch auf der konkreter religiös motivierter Praxen finden sich nachhaltigkeitsbezogene religionsmotivierte Beiträge, die natürlich zunächst auf der zivilgesellschaftlichen Mesoebene bzw. der individuellen Mikroebene angesiedelt sind. Als zweites Beispiel für die Verbindung von Religion und sozialer Nachhaltigkeit soll daher die Bewegung des ökofairen Handels dienen.

Die Fair-Trade-Bewegung beginnt in den sechziger Jahren mit kirchlichen Akteuren wie der mennonitischen Organisation *Self Help Crafts* (heute: *Ten Thousand Villages*) in den USA, der auf reformierte Pfarrerinnen und Pfarrer zurückgehenden *Erklärung von Bern* in der Schweiz oder der *GEPA* in Deutschland, in der neben vielen regionalen Akteuren unter anderem der Evangelische Entwicklungsdienst, der Bund der katholischen Jugend (BDKJ) oder die Arbeitsgemeinschaft der evangelischen Jugend (aej) maßgeblich involviert waren; auch in der Gründung des ersten Weltladens im niederländischen Breukelen sind kirchliche Akteure beteiligt und die Produkte werden zunächst vorrangig in Kirchengemeinden vertrieben (Anderson 2015, 44–66, Quaas 2015, Raschke 2009). Ausgehend von religiös motivierten Gerechtigkeitsimperativen wird zunehmend die Verbindung ökologischer und sozialer Anliegen leitend. Institutionell entwickelt sich zunächst ein kleines, über weite Strecken ehrenamtlich betriebenes Handelsnetzwerk, aus dem sich Standards ergeben, die dann auch weiteren Einfluss auf die Prozeduren des dominanten sozio-technischen Regimes nehmen – so sind entsprechende Standardisierungen mittlerweile auch in den großen Einzelhandelsketten angekommen. Fair-Trade-Label sucht eine angemessene, in diesem Fall: auskömmliche Entlohnung für Bauern in Ländern des globalen Südens mit ökologisch sensiblen Produktionsmethoden zu verbinden.

Gleichzeitig wird über konkrete ikonische Symbole wie die in den siebziger Jahren berühmt-berüchtigte Jutetasche enorme Aufmerksamkeit für die Anliegen ökofairer Belange erzeugt: Insgesamt wurden in Bangladesch ca. 5 Millionen dieser Taschen hergestellt. An der Tasche lässt sich gut zeigen, dass kulturelle Beiträge stets ambivalent bleiben. Denn auch, wenn sie zum Massenartikel wurde, entwickelte sie sich doch sofort auch zum Distinktionsmerkmal entsprechender Subkulturen, ihre Wertschätzung war insofern umstritten und ihre kulturelle Halbwertszeit begrenzt (Spiess 2008).

Doch auch nicht nur bezüglich theoretischer Konzeptionen, sondern auch hinsichtlich der konkreten Praxen ist eine Auswirkung von Religion auf soziale Nachhaltigkeit nicht als einfache Einwirkung von Leitungskadern der jeweiligen zivilgesellschaftlichen Organisationen auf die Organisationen selbst und die politische Debatte darzustellen – und das gilt auch für die öffentliche Wahrnehmung solcher Wirkungen. Am Beginn der Fair-Trade-Bewegung stehen in der Regel nicht etwa die Leitungen von Kirche und Diakonie, sondern regionale und partikulare Akteure im Kontext der entsprechenden Organisationen und ihres engeren oder weiteren Umkreises. Mit dem Maß ihrer Verallgemeinerung und damit ihres sozialen Erfolgs schwindet zudem das lebensweltliche öffentliche Bewusstsein für die partikular-religiösen Quellgründe der jeweiligen Bewegungen – das gilt für die Nachhaltigkeitssemantik genauso wie für das Fair-Trade-Label, an dessen Ursprung in der kirchlichen Solidaritätsbewegung mit dem globalen Süden noch im entsprechenden Wikipedia-Artikel kaum noch etwas erinnert (Wikipedia 2019) – der Verein *Erklärung von Bern* hat sich 2016 in *Public Eye* umbenannt (Public Eye 2016), um die zivilgesellschaftliche kritische Begleitfunktion problematischer globaler Wirtschaftsverhältnisse zu betonen. Eine solche gesellschaftliche Transpartikularisierung kann im Kontext weltanschaulich pluraler Gesellschaften auch nicht erstaunen und ist insofern zunächst unproblematisch. Problematisch ist eher, dass das Wissen um die enge kulturelle Wechselwirkung zwischen zivilgesellschaftlichen religiösen Organisationen und ihren normativ grundierenden Narrativen mit den politischen und wissenschaftlichen Nachhaltigkeitsdiskursen auch in diesen Diskursen selbst kaum präsent ist. Dies führt einerseits zu einer häufig zu beobachtenden Unterschätzung oder Fehleinschätzung der Rolle religiöser Praxen, Handlungsmotive und Narrative im Nachhaltigkeitszusammenhang – wenn Religion überhaupt wahrgenommen wird, dann wird – wie eingangs beschrieben – vor allem der instrumentelle Wert der Religion für die Nachhaltigkeit betont und die Eigendynamik religiöser Motive genauso wie der agonale Charakter religiöser Kultur unterschätzt (z. B. UNESCO 2013). Andererseits führt es aber auch zu einer positivistischen Fehleinschätzung innerhalb dieser wissenschaftlichen und politischen Diskurse, weil angenommen wird, die normative Grundierung wissenschaftlicher Recherche und politischer Positionierung ergäbe sich aus der angemessenen Wahrnehmung empirischer Realität irgendwie von selbst.

Das Ausmaß soziopolitischer Strahlkraft hängt dabei nicht zwingend an dem, was man kulturelle Hegemonie nennen kann, zumal auch religiöse Deutungen und Narrative in intensiver Wechselwirkung mit Entwicklungen des allgemeinen Weltwissens entstehen. Die Tatsache, dass die Wendung von der ‚Bewahrung der Schöpfung' in den siebziger und achtziger Jahren z. T. auch säkulares Gemeingut war, während sich heute kirchliche Umweltaktivist*innen unter dem Titel *churches for future* semantisch an die *Fridays for future* anlehnen, besagt noch nichts über Dauerhaftigkeit und Wirksamkeit der entsprechenden Aktivitäten.

Systematisch lassen sich die nachhaltigkeitsrelevanten Beiträge religiöser Akteure, die hier am Beispiel des deutschsprachigen Protestantismus (und Katholizismus) beschrieben wurden, in zwei Typen erfassen. Einerseits wird durch religiöse Semantiken, Narrative und Konzepte ein Beitrag zur Produktion, Reproduktion und Modifikation von *social imaginaries* geleistet. Das Konzept des sozialen Imaginären, das in unterschiedlichen Ausprägungen von Cornelius Castoriadis (1975), Benedict Anderson (1983) und Charles Taylor (2004) entwickelt wurde, wobei hier besonders die weite Variante Taylors Anwendung findet, beschreibt sozial wirksame und in der Regel normativ orientierende kollektive Vorstellungen, die sich der einfachen Unterscheidung von Fiktion und Realität verweigern. Berühmt wurde etwa Benedict Andersons Beschreibung der Nation als *imagined community:* Wiewohl Versuche, nationale Verbundenheit an substantiellen Homogenitäten – kulturelle, ethnische oder gar biologische Identität der Glieder – festzumachen, scheitern müssen, entwickelt die Idee der Nation doch erhebliche soziale Bindewirkung und institutionelle Beharrungskräfte, die im Zusammenspiel von historischen, kulturell tradierten Ereignissen, literarischen Fiktionen, medialer Produktion von Lyrik und Musik und natürlich auch religiösen Narrativen und Konzepten befestigt oder bestritten worden sind. Entsprechend lässt sich zeigen, dass auch im Bereich von Umwelt- und Nachhaltigkeitsfragen kollektive Vorstellungshaushalte durch entsprechende Semantiken, Narrative, Fiktionen, Konzepte oder Ikonographien geprägt werden. Beispiele liefern nicht nur religiöse Narrative, sondern auch literarische und mediale Fiktionen wie Gudrun Pausewangs Jugendroman *Die Wolke* (1987), der einen schwerwiegenden nuklearen Störfall in Deutschland simuliert, John Camerons Kinofilm *Avatar* (2009), in dem die Menschen als ausbeuterische Kolonisatoren in eine fremde Welt einfallen, deren Religion, Ökologie und Kultur sie nicht verstehen wollen (vgl. Meireis 2018), Roland Emmerichs *The Day after Tomorrow* (2004) oder Margaret Atwoods Roman *The Year of the Flood* (2009), in dem das Überleben der Angehörigen einer christlichen Sekte nach einem gentechnologisch verursachten Massensterben beschrieben wird. Obgleich die Wirkungsmessung solcher Figurationen natürlich nicht einfach ist, lässt sich doch zeigen, dass entsprechende Vorstellungen ihren Weg in wissenschaftliche Trends oder allgemeinverbindliche Rechtsregelungen finden. So lässt sich der christliche Topos einer Mitverantwortung für die nichtmenschliche Schöpfung im Kontext konkreter Rechtskorpora finden: So hat etwa die Wendung einer Verantwortung vor der Schöpfung Eingang in die Präambel der Schweizerischen Verfassung gefunden (BV 1999), im deutschen Tierschutzgesetz ist vom Tier als Mitgeschöpf die Rede (§ 1 TSchG). Eine religiös motivierte Selbstbegrenzung als Element des guten Lebens oder die Begründung von intra- und intergenerationellen Gerechtigkeitsmotiven in christlichen Vorstellungen einer bevorzugten Zuwendung zu den jeweils Schlechtestgestellten lässt sich in den vielfältigen Verbindungen zwischen der Decroissance-Bewegung und religiösen Motivationen auffinden: Auf protestantischer Seite sind hier etwa die Arbeiten von Goudzwaard und de Lange (1990) oder Cobb und Daly (1989), auf katholischer Seite die Studie der Skidelskys zu nennen (2013).

Andererseits werden sozial und ökologisch motivierte Praxen befördert, die in der Beschreibung der Transformationswirkung zunächst in das Nischensegment gehören, wie etwa das bereits erwähnte Beispiel der Fair-Trade-Bewegung, aber natürlich auch eine Reihe von Institutionen zeigt, die solche Praxen auf Dauer zu stellen suchen: In den USA wären hier etwa *CARE* oder die bereits erwähnten *Ten Thousand Villages* zu nennen, in der Bundesrepublik *Brot für die Welt* oder *Misereor.*

4 Fazit

Soll die Beziehung von Religion und sozialer Nachhaltigkeit beschrieben werden, ist im Blick zu behalten, dass die Rede von ‚der Religion' eine stark vereinfachende Pauschalisierung darstellt, die Missverständnisse begünstigt – im politischen Raum liegt die Verengung der Aufmerksamkeit auf die öffentlichen Beiträge der Funktionseliten religiöser Organisationen nahe, die sowohl die Differenzen und Eigenlogiken unterschiedlicher religiöser Zusammenhänge wie auch die tatsächlichen Wechselwirkungen von religiösen Praxen, Konzepten und Narrativen sowie der beteiligten Akteure, die auf sehr unterschiedlichen Ebenen liegen, stark unterschätzt.

So haben etwa christliche Akteurinnen und Akteure sowohl auf der Ebene von Traditionen und gesellschaftlich relevanten Vorstellungen und Bildern – *social imaginaries* – wie bestimmter konkreter Praxen – z. B. fair trade – Beiträge zu sozialer Nachhaltigkeit im Kontext der Gesamtnachhaltigkeit geleistet, Praxen und Semantiken, die dem religiösen Kontext entstammen und oft auf dem Nischenlevel anzutreffen sind, fanden ihren Weg in das dominante soziotechnische Regime.

Ein Beitrag der – je partikularen – Theologie zur theoretischen und praktischen Verhältnisbestimmung von Religion und Nachhaltigkeit ist die kritische und konstruktive Reflexion auf die weltanschaulich-normative Grundierung öffentlicher Nachhaltigkeitsdebatten, aber auch auf die Weltwahrnehmungen eines bestimmten Glaubenszusammenhangs und insofern die damit verbundenen *social imaginaries*. Theologie beteiligt sich insofern auch am Streit um die angemessene Artikulation des Glaubens und seiner Handlungskonsequenzen und das schließt material eine Beteiligung an dem Streit um Klimaschutzimperative und soziale Nachhaltigkeit ein.

Literatur

Anderson, Benedict. 1983. *Imagined Communities. Reflections on the Origin and Spread of Nationalism.* London, New York: Verso.

Anderson, Matthew. 2015. *A history of fair trade in contemporary Britain. From civil society campaigns to corporate compliance.* Basingstoke: Palgrave Macmillan.

Atwood, Margaret. 2009. *The Year of the Flood.* New York: Anchor Books.

Bergunder, Michael. 2011. „Was ist Religion? Kulturwissenschaftliche Überlegungen zum Gegenstand der Religionswissenschaft." *Zeitschrift für Religionswissenschaft* 19 (1/2): 3–55.

Besier, Gerhard. 1996. „Das Programm des Ökumenischen Rates der Kirchen (ÖRK) zur Bekämpfung des Rassismus (PCR), afrikanische Volksrepubliken und die deutschen Kirchen." *Kirchliche Zeitgeschichte* 9: 251–306.

Bundesverfassung der Schweizerischen Eidgenossenschaft (BV). 1999. https://www.admin.ch/opc/de/classified-compilation/19995395/index.html (Zugriff v. 15.11.2019).

Cameron, John. 2009. *Avatar.* 20th Century Fox.

Castoriadis, Cornelius. 1975. *The Imaginary Institution of Society.* Cambridge: MIT Press.

Cobb, John B. und Herman E. Daly. 1989. *For the Common Good. Redirection the Economy toward Community, the Environment and a Sustainable Future.* Boston: Beacon Press.

Emmerich, Roland. 2004. *The Day after Tomorrow.* 20th Century Fox.

Goudzwaard, Bob und Harry M. de Lange. 1990. *Weder Armut noch Überfluß. Plädoyer für eine neue Ökonomie.* München: Kaiser.

Grin, John, Rotmans, Jan und Johan Schot (in collaboration with Frank Geels and Derk Loorbach). 2010. *Transitions to Sustainable Development. New Directions in the Study of Long Term Transformative Change.* New York, London: Taylor & Francis Group.

Liedke, Gerhard. 1979. *Im Bauch des Fisches. Ökologische Theologie.* Stuttgart: Kreuz.

Lienemann, Wolfgang. 2007. „‚Sustainability' in Ökumene und Theologien." In *Nachhaltigkeitsforschung. Perspektiven der Sozial- und Geisteswissenschaften*, 99–122. Bern: SAGW.

Lienkamp, Andreas. 2017. „Klimagerechtigkeit. Fairness in Zeiten globaler Erwärmung." In *Soziale Ungleichheiten. Von der empirischen Analyse zur gerechtigkeitsethischen Reflexion (Christliche Sozialethik im Diskurs 9)*, hg. von Markus Vogt, Peter Schallenberg, 167–192. Paderborn-München-Wien-Zürich: Schöningh.

Link, Christian. 2012. *Schöpfung. Ein theologischer Entwurf im Gegenüber von Naturwissenschaft und Ökologie.* Neukirchen-Vluyn: Neukirchner.

Meireis, Torsten. 2020a. „Sustainable development and the concept of culture – an ethical view." In *Cultural Sustainability*, hg. von Torsten Meireis und Gabriele Rippl, 47–59. London, New York: Routledge.

Meireis, Torsten. 2020b. „Öffentlichkeit – eine kritische Revision. Zur Grundlegung öffentlicher als kritischer Theologie." In *Sozialethik als Kritik*, hg. von Michelle Becka, Bernhard Emunds, Johannes Eurich, Gisela Kubon-Gilke, Torsten Meireis und Matthias Möhring-Hesse, 125–158. Baden-Baden: Nomos.

Meireis, Torsten. 2018. „Avatar. Nachhaltigkeitsethik, Kultur und Theologie." In *Leben im Anthropozän. Christliche Perspektiven für eine Kultur der Nachhaltigkeit*, hg. von Brigitte Bertelmann und Klaus Heidel, 211–227. München: oekom.

Meireis, Torsten. 2016. „Schöpfung und Transformation. Nachhaltigkeit in protestantischer Perspektive." In *Nachhaltigkeit.* Jahrbuch Sozialer Protestantismus, Band 9, hg. von Torsten Meireis, Traugott Jähnichen, Johannes Rehm, Hans-Richard Reuter, Sigrid Reihs und Gerhard Wegner, 15–50. Gütersloh: Gütersloher Verlagshaus.

Neubert, Frank. 2016. *Die diskursive Konstitution der Religion.* Wiesbaden: Springer VS.

Partridge, Emma. 2014. „Social Sustainability." In *Encyclopedia of Quality of Life and Well-Being Research*, hg. von Alex C. Michalos, 6178–6186. Dordrecht: Springer.

Pausewang, Gudrun. 1987. *Die Wolke.* Ravensburg: Maier.

Public Eye. 2016. *Die Erklärung von Bern heißt jetzt Public Eye.* https://www.publiceye.ch/de/mediencorner/medienmitteilungen/detail/die-erklaerung-von-bern-evb-heisst-neu-public-eye (Zugriff v. 15.11.2019).

Quaas, Ruben. 2015. *Fair Trade. Eine global-lokale Geschichte am Beispiel des Kaffees*. Köln, Weimar, Wien: Böhlau.
Rahmstorf, Stefan und Hans Joachim Schellnhuber. 2018. *Der Klimawandel. Diagnose, Prognose, Therapie*. 8. Aufl. München: C.H.Beck.
Raschke, Markus. 2009. *Fairer Handel. Engagement für eine gerechte Weltwirtschaft*. Ostfildern: Matthias-Grünewald-Verlag.
Riesebrodt, Martin. 2007. *Cultus und Heilsversprechen. Eine Theorie der Religionen*. München: C.H. Beck.
Rockstrøm, Johan et al. 2009. „A safe operating space for humanity." *Nature* 461: 472–475.
Ronan, Marisa. 2017. „Religion and the Environment: Twenty-First Century American Evangelicalism and the Anthropocene." *Humanities* 6(4): 92. https://doi.org/10.3390/h6040092.
Schäfer, Franziska und Hanns Wienold. 2012. „Auf der Suche nach den Weltreligionen: Vom christlichen Glauben zur universellen religiösen Erfahrung." In *Doing Modernity – Doing Religion*, hg. von Anna Daniel et al., 169–204. Wiesbaden: Springer Fachmedien.
Skidelsky, Robert und Edward Skidelsky. 2013. *How Much is Enough? Money and the Good Life*. London: Penguin.
Spiess, Anke. 2008. „30 Jahre Ökobeutel. So war das mit der Jutetasche." *Welt online*. https://www.welt.de/lifestyle/article1734965/So-war-das-mit-der-Jutetasche.html (Zugriff v. 15.11.2019).
Stierle, Wolfram, Dietrich Werner und Martin Heider, Hg. 1996. *Ethik für das Leben. 100 Jahre Ökumenische Wirtschafts- und Sozialethik*. Quellenedition ökumenischer Erklärungen, Studientexte und Sektionsberichte des ÖRK von den Anfängen bis 1996. Rothenburg ob der Tauber: Institut für ökumenische Studien.
Tierschutzgesetz (TSchG). *Tierschutzgesetz* in der Fassung der Bekanntmachung vom 18. Mai 2006 (BGBl. I S. 1206, 1313), zuletzt geändert durch Artikel 3 des Gesetzes vom 28. Juli 2014 (BGBl. I S. 1308).
Tripp, Sebastian. 2015. *Fromm und politisch. Christliche Anti-Apartheid-Gruppen und die Transformation des westdeutschen Protestantismus 1970–1990*. Göttingen: Wallstein.
UN Environment Programme (UNEP). 2020. *Faith for Earth Initiative*. https://www.unenvironment.org/about-un-environment/faith-earth-initiative (Zugriff v. 11.09.20).
UNESCO. 2013. *The Hangzhou Declaration. Placing Culture at the Heart of Sustainable Development Policies*. Paris: UNESCO.
Vischer, Lukas. 1993. *The Theme of Humanity and Creation in the Ecumenical Movement*. http://www.jaysquare.com/resources/growthdocs/grow10.htm (Zugriff v. 15.11.19).
Wanliss, James. 2010. *Resisting the Green Dragon: Dominion, Not Death*. Burke: The Cornwall Alliance for the Stewardship of Creation.
Wikipedia. 2019. Art. *Fairer Handel*. https://de.wikipedia.org/wiki/Fairer_Handel (Zugriff v. 15.11.2019).
World Conference of Churches (WCC). 1974. „Science and Technology for Human Development. The Ambiguous Future and the Christian Hope." Bucharest June 24–July 2, 1974. *Anticipation* 19, November: 4 ff, sowie in *Study Encounter* X(4), Dokument Nr. SE_ 69, dt. Übersetzung in: W. Stierle et al. (Hg.) 1996, 550–553, englisch bei Vischer 1993.

Traugott Jähnichen

Ökonomische Nachhaltigkeit und ihre kulturelle Dimension

1 Einleitung

Das Konzept der Nachhaltigkeit ist angesichts der globalen ökologischen Krisen zum wichtigsten regulativen Leitbild gesellschaftspolitischen Handelns geworden. Gemäß der klassischen Definition bedeutet Nachhaltigkeit eine Integration von ökonomischer Effizienz, sozialem Ausgleich und ökologischer Tragfähigkeit und bezieht in diesem Sinn neben den Interessen der gegenwärtig lebenden Menschen auch die der zukünftigen Generationen ein. (vgl. Brundlandt-Report 1987) Demgegenüber wird die Frage nach der kulturellen Dimension von Nachhaltigkeit wissenschaftlich – vorrangig im Bereich der Erziehung – seit dem Beginn der 2000er Jahre und in internationalen Organisationen erst seit den letzten fünf Jahren thematisiert (vgl. Meireis und Rippl 2019, 3–4). In dem folgenden Beitrag wird in einem ersten Schritt aufgezeigt, wie die von der kapitalistischen Verwertungslogik bestimmte Dynamik wirtschaftlichen Handelns neben der Forcierung der ökologischen Krisen auch kulturelle Traditionen zerstört. Zum anderen soll analysiert werden, inwiefern kulturelle und insbesondere religiöse Traditionen wesentliche Voraussetzungen ökonomischen Handelns bilden und ihnen gerade im Sinn der Nachhaltigkeit eine zentrale Bedeutung zukommen kann.

Ausgangspunkt der folgenden Überlegungen ist die These, dass sich die im Konzept der Nachhaltigkeit angestrebte Integration von Effizienz, sozialem Ausgleich sowie ökologischer und auch kultureller Tragfähigkeit bestenfalls bedingt durch die ökonomisch erfolgreiche Koordinationsfunktion des Marktsystems erreichen lässt. Die klassischen Beispiele des Marktversagens, etwa hinsichtlich der Bereitstellung öffentlicher Güter, der Externalisierung von Umweltschäden, der Problematik von Informationsdefiziten und damit Benachteiligungen verschiedener Akteure u. a., zeigen, dass es eines ordnungspolitischen Gestaltungswillens bedarf, um eine nachhaltigere Wirtschaftsform zu schaffen. Dem stehen jedoch allzu oft ökonomische Interessen, Defizite der internationalen Regelungssysteme und nicht zuletzt der allgemein verbreitete Lebensstil vor allem in den reichen Industrienationen entgegen, was – so der renommierte Ökonom Hermann Sautter – zu einem dramatischen, „globalen ‚Nachhaltigkeits-Trilemma'" (Sautter 2017, 731) führt: Dieses Trilemma besteht darin, dass durch politische Entscheidungen nach wie vor „das Wachstum eines ressourcenintensiven Wohlstands sehr viel

https://doi.org/10.1515/9783110713084-007

höher gewichtet wird als die Erhaltung funktionsfähiger Ökosysteme und die Verwirklichung einer inter- und intragenerationellen ‚Gerechtigkeit'" und dass es hierfür „bisher keine effizienten und ethisch akzeptablen Lösungen" (Sautter 2017, 731) gibt. Verstärkt wird diese interessenbasierte Ausrichtung des Handelns, die auch auf religiös-kulturelle Traditionen kaum Rücksicht nimmt, durch die der kapitalistischen Verwertungslogik immanente Grenzenlosigkeit.

2 Die Grenzenlosigkeit der kapitalistischen Verwertungslogik

Wirtschaftliches Handeln in der Moderne unter den Bedingungen marktwirtschaftlich koordinierter Kapitalverwertung ist prinzipiell auf eine grenzenlose Dynamik und Expansion angelegt. Diese Dynamik führte und führt zu einer Entgrenzung von Raum und Zeit sowie einer Durchdringung nicht nur des Bereiches wirtschaftlichen Handelns im engeren Sinn, sondern immer weiterer Bereiche der Gesellschaft. Dieser die Neuzeit in besonderer Weise kennzeichnende Prozess kann mit Karl Polanyi als „große Transformation" (Polanyi 1944/2013) beschrieben werden, welcher zu einer Entbettung ökonomischen Handelns aus zuvor ständischen, religiös-kulturellen oder politischen Beschränkungen geführt hat. Die Ambivalenzen dieser Entwicklung, die zu einer beispiellos erfolgreichen Güterversorgung immer größerer Teile der Menschheit beigetragen hat und zugleich dramatische soziale, ökologische, kulturelle und auch humane Zerstörungen zeitigt, nötigt dazu, nach Formen neuer Einbettungen des Ökonomischen zu fragen.

Um die moderne wirtschaftliche Entwicklung zu kennzeichnen, bedarf es nach der prägnanten Diagnose des Theologen und Kulturphilosophen Ernst Troeltsch „nur eines Wortes, sie ist der Kapitalismus, und zwar der Kapitalismus nicht bloß als Industrie- und Geldgeschäft, sondern als Handwerk und Landwirtschaft gleicher Weise ergreifende kapitalistische Betriebsform überhaupt." (Troeltsch 1925, 308) Indem die „kapitalistische Betriebsform" eine optimale Verwertung investierten Kapitals anstrebt, tendiert sie zu einer grenzenlosen, universalen Ausbreitung.

Zunächst überschritt die räumlich-geographische Ausdehnung der „kapitalistischen Verwertungslogik" alle Grenzen, wie es klassisch bereits Karl Marx und Friedrich Engels im „Kommunistischen Manifest" ausgedrückt haben: Das „Bedürfnis nach einem stets ausgedehnteren Absatz" führte zu einer Ausbreitung des Kapitalismus „über die ganze Erdkugel. Überall muss ... (er) sich einnisten, überall anbauen, überall Verbindungen herstellen." (Marx und Engels 1848/1980, 49)

Neben dieser weltweiten Inbesitznahme von wirtschaftlich nutzbaren Ressourcen kommt im Zeitalter der Globalisierung eine weltweite Vernetzung von Handels- und Produktionsstandorten, koordiniert durch internationale Finanzmärkte, hinzu. Gegenwärtig führt diese Entwicklung dazu, dass alle verbliebenen natürlichen Lebensräume und selbst der erdnahe Weltraum in die ökonomische Nutzung einbezogen werden. Industrialisierte Landwirtschaft und intensivierte Ressourcennutzung in den Regenwäldern, Transport- und Kommunikationssysteme im Weltraum, eine weltweite touristische Erschließung, die bald auch den Orbit einbezieht, stehen dafür als Beispiele.

Des Weiteren wird die Zeit als Ressource immer konsequenter genutzt, um letztlich ohne Begrenzungen eine 24/7-durchgetaktete Ökonomie zu lancieren. Konnten die Praktiken einer völlig den Anforderungen der Industrie unterworfenen Zeitstruktur im Frühkapitalismus durch sozialen und auch durch religiösen Protest nach und nach wieder zurückgedrängt werden, so erleben wir gegenwärtig im Horizont des digitalen Wandels einen neuen Angriff kapitalistischer Verwertungslogik auf alle nicht-ökonomisch nutzbaren Zeitreserven, in unserer Kultur insbesondere auf den arbeitsfreien Sonntag.

Schließlich werden nicht nur alle Bereiche wirtschaftlichen Handelns, wie bereits von Troeltsch zum Ausdruck gebracht, durch diese Verwertungslogik bestimmt, sondern nach und nach weitere Bereiche der Lebenswelt. Dies zeigt sich spätestens seit dem letzten Drittel des 20. Jahrhunderts, als nach dem Gesundheits- und Sozialbereich zunehmend auch die Wissenschaften oder die Kunst maßgeblich von einem wirtschaftlichen Kalkül bestimmt worden sind. Die auf grenzenloses Wachstum und auf eine zunehmende Beschleunigung ausgerichtete Dynamik führt zu einer strikten Rationalisierung immer weiterer Bereiche der Lebensführung, indem die konsequente Anwendung der „rationell-wissenschaftlichen Methode der Technik, ... die rationelle Kunst der Arbeitsteilung, die Berechenbarkeit jedes Wertes an bestimmten Tauschwerten“ sowie letztlich „die Konstruktion des ganzen Daseins aus wirtschaftlichen Gesetzen“ (Troeltsch 1925, 309) durchgesetzt werden.

Es ist nicht zufällig, dass in diesem Prozess den Geld- und Finanzmärkten eine Vorreiterrolle zugekommen ist, da die Veränderung der Raum-Zeit-Strukturen und die Durchdringung der Gesellschaft mit einer Logik der Berechenbarkeit seit jeher mit dem Einsatz und den Wirkmechanismen des Geldes verknüpft sind. Anthony Giddens hat „Geld“ daher als wirksamstes „Mittel der raumzeitlichen Abstandsvergrößerung“ (Giddens 1996, 37) bezeichnet, da es zu einer beliebig großen räumlichen und zeitlichen Entfernung des Geldes von einem jetzigen oder künftigen Besitzer kommen kann, was beiden ein hohes Maß an Eigenbewegungen erlaubt. Deshalb ist lokales soziales Handeln immer stärker von räumlich entfernten Einflüssen – etwa von Marktentwicklungen auf fernen Märkten – bestimmt: „Der lokale Schauplatz wird nicht bloß durch Anwesendes strukturiert, denn die 'sichtbare Form' des Schauplatzes verbirgt die weit abgerückten Beziehungen, die sein Wesen bestimmen." (Giddens 1996, 30) Speziell unter der Regie internationaler Finanzmärkte, wie sie seit rund drei Jahrzehnten immer mehr zum dominierenden Faktor wirtschaftlichen Handelns geworden sind, werden alle räumlich begrenzten Schauplätze zunehmend durch externe, ökonomisch kalkulierende Faktoren bestimmt und die Logik einer optimalen Kapitalverwertung wird mehr und mehr zum global gültigen Wertmaßstab. Damit ist die Tendenz zur Entwicklung eines „Geldpantheismus" (Wagner 1985, 65) angelegt, der letztlich jedoch die nicht-ökonomischen Gesellschaftsbereiche in Frage stellt und mittelfristig zerstört, da all diese Gesellschaftsbereiche nur dann funktionieren können, wenn „sie ihre eigenen Funktionen der Preiskalkulation entziehen." (Luhmann 1988, 111) Gerade eine funktional ausdifferenzierte Gesellschaft ist auf eine „De-Kommerzialisierung nichtwirtschaftlicher Funktionssysteme (Luhmann 1988, 111) angewiesen.

Neben der nicht zu leugnenden Erfolgsbilanz dieser mit einer Durchrationalisierung, Ökonomisierung und auch Monetarisierung vieler Lebensbereiche ermöglichten Optimierung der Güterproduktion und der Bereitstellung von Dienstleistungen sind somit die dieser Entgrenzungslogik inhärenten negativen externen Kosten zu thematisieren. Externe Kosten sind Kosten, die nicht im Bereich der Wirtschaft berechnet und bezahlt werden, sondern die sich auf die Lebenswelt der Menschen negativ ausgewirkt haben. Die negativen sozialen Folgen einer weitgehend deregulierten Ökonomie, wie es für das 19. Jahrhundert vielfach typisch war, haben die meisten industrialisierten Nationalstaaten seit dem Ende des 19. bzw. dem ersten Drittel des 20. Jahrhundert schrittweise durch Systeme sozialer Sicherung abzufedern und teilweise zu beseitigen versucht. Die wichtigsten Akteure für die Durchsetzung sozialer Regulierungen waren soziale Bewegungen, zum Teil auch im Bereich der Religionsgemeinschaften, welche eine mehr oder minder weitreichende sozialstaatliche Einbettung der kapitalistischen Verwertungslogik ermöglicht haben.

In kirchengeschichtlicher Perspektive ist hier selbstkritisch an die zurückhaltenden und häufig auch problematischen Positionierungen der evangelischen Amtskirchen zu erinnern, die sich nur selten mit Akteuren der sozialen Bewegungen solidarisiert haben. Immerhin gab es ein entsprechendes Engagement im Bereich des Verbandsprotestantismus, in evangelischen Arbeitervereinen, im Bereich der Aktivitäten der Inneren Mission und bürgerlicher Sozialreformer sowie in der Weimarer Republik durch die Bewegung des religiösen Sozialismus. In diesem Kontext hat der Kairos-Kreis um Paul Tillich eine höchst innovative Rolle gespielt, die bis heute in sozialethischer Hinsicht Beachtung verdient.

Tillich entwickelte eine geschichtstheologisch begründete Deutung seiner Zeit, indem er den Kapitalismus als die zentrale „Dämonie" (vgl. Tillich 1923) der Gegenwart meinte identifizieren zu können. Mit dem Begriff des „Dämonischen" beschrieb Tillich Phänomene, in denen Sinnhaftes und Sinnwidriges unlöslich verbunden sind. Im Blick auf den Kapitalismus stellte Tillich heraus, dass er die erfolgreichste Form der Güterproduktion in der Menschheitsgeschichte ist, der zumindest prinzipiell eine historisch bis dahin kaum vorstellbare Sicherung der Lebensführung für breitere Schichten in den Industrienationen ermöglicht hat. Auf der anderen Seite ist das Sinnwidrige des Kapitalismus in gleicher Weise wahrzunehmen, was insbesondere die Zerstörungen hinsichtlich der von Tillich eindringlich beschriebenen „proletarischen Situation" (vgl. Tillich 1962, 165) zeigt, welche eine prinzipielle Ungesichertheit der arbeitenden Menschen – durch zu geringe Löhne, stets drohende Arbeitslosigkeit u. a. – bedeutet. Im Blick auf die heutige Gegenwart betrifft dieses Schicksal die Lebensbedingungen der meisten Menschen in den Ländern des Südens. Die von den religiösen Sozialisten – gerade auch vom Kairos-Kreis um Tillich – angemahnte kritische Solidarisierung mit Repräsentanten der sozialen Bewegungen ist daher nach wie vor aktuell.

Eine den relativen Erfolgen der sozialen Bewegungen in den Industrienationen vergleichbare Berücksichtigung der ökologischen Stabilität ist im Bereich wirtschaftlichen Handelns bisher nicht gelungen. Ein wesentlicher Grund hierfür liegt darin, dass sich zumindest bisher – ungeachtet der vielen ökologischen Gruppen und Aktivisten in der Zivilgesellschaft – kein politisch durchsetzungsstarker Anwalt dieser Belange hat etablieren können. Im Gegenteil, in den letzten beiden Jahrzehnten hat sich die „Verwandlung von langlebigen in kurzlebige Konsumgüter" (Welzer 2015, 61) noch einmal dramatisch gesteigert. Die Dynamik wirtschaftlichen Handelns unter den Bedingungen der Kapitalverwertung – so bereits die mehr als fünfzig Jahre alte, hellsichtige Diagnose von Hannah Arendt – ist darauf abgestellt, dass „alle Dinge, die wir benutzen und die uns umgeben, ... so schnell wie möglich verbraucht, gleichsam verzehrt" und damit „in den endlosen Kreislauf des menschlichen Stoffwechsels mit der Natur gezogen werden" (Arendt 1981, 149). In der Diktion von Arendt gesprochen ist die Aktivitätsform der „Herstellung", die auf dauerhafte Güter zielt, durch die Aktivitätsform der „Arbeit" mit ihrem Pendant des permanenten Konsums weitgehend verdrängt worden. Speziell in den letzten Jahrzehnten ist ein „exorbitantes Mengenwachstum" (Welzer 2015, 61) sowie ein sich entsprechend steigernder Ressourcenverbrauch festzustellen. Vor diesem Hintergrund stellt sich dringend die Frage, inwieweit der Logik der Entgrenzung durch Formen einer nachhaltigen Einbettung ökonomischen Handelns gegengesteuert werden kann. Dies soll im Folgenden im Blick auf die grundlegenden Dimensionen der Zeit und des Raumes geschehen, bevor die

Frage nach der Implementierbarkeit von Regelsystemen zur Sicherung nachhaltiger Standards zu thematisieren ist.

3 Die Perspektive religiös-kultureller Einbettungen der kapitalistischen Verwertungslogik

Angesichts der skizzierten raum-zeitlichen Entgrenzungsdynamik der kapitalistischen Verwertungslogik mit ihren dramatischen ökologischen und kulturellen Folgen ist danach zu fragen, wie eine Wieder-Einbettung des wirtschaftlichen Handelns gelingen kann. In diesem Sinn wird im Folgenden dargestellt, wie durch religiös-kulturell begründete Gestaltungsimpulse eine entsprechende Begrenzung und Einbettung im Blick auf die Zeit- und die Raum-Dimension anzustreben ist.

Die Konstruktion sinnvoll gedeuteter und erlebter Zeit ist eine grundlegende Leistung der Religionen. In sehr unterschiedliche Weise haben Religionen Formen des Zeiterlebens entwickelt, welche der „fließenden" Zeit einen als bedeutsam erlebten Rhythmus verliehen haben. In der europäischen Kultur sind im 4. Jahrhundert mit der Einführung des Sonntags als eines gesetzlichen Ruhetages – für den Sonntag wurden Gerichtssitzungen und der Gewerbebetrieb in Städten untersagt – im Jahr 321 durch den römischen Kaiser Konstantin (vgl. Lenz 2012, 209) und im Zuge einer zunehmenden Prägung des öffentlichen Lebens durch den christlichen Festkalender die Kirchen zum entscheidenden Zeittaktgeber der europäischen Kultur geworden und haben diese Funktion weitgehend bis ins 20. Jahrhundert hinein behaupten können.

In Aufnahme entsprechender Regelungen zum Schutz des Sonntags seit dem Ende des 19. Jahrhunderts hat das Grundgesetz der Bundesrepublik Deutschland den Sonntag als „Tag der Arbeitsruhe und der seelischen Erhebung" (Art. 140 GG, setzt Art. 139 der WRV wieder in Kraft) unter verfassungsrechtlichen Schutz gestellt. Ausnahmen von dieser Regelung sind streng begründungspflichtig und blieben bis zum Beginn des 21. Jahrhunderts auf eng begrenzte Bereiche beschränkt. Die Väter und Mütter des Grundgesetzes haben ganz bewusst entschieden, den Sonntagsschutz, das heißt auch die Freistellung von Arbeit, mit einer verfassungsrechtlichen Würde auszustatten, was nicht unbedingt erforderlich gewesen wäre. Im Ergebnis bedeutet dies eine besondere Gewichtung zugunsten des Schutzes religiöser Praxis und zugunsten der Beschäftigten.

Doch scheint diese christlich geprägte und vom Verfassungsgeber bewusst gewahrte Tradition gegenwärtig insbesondere durch die Digitalisierung und die damit verbundenen neueren wirtschaftlichen Entwicklungen vor allem im Bereich des Einzelhandels, durch darauf reagierende politische Versuche einer Veränderung der rechtlichen Regelungen sowie angesichts veränderter Wünsche in der Bevölkerung in Frage gestellt zu werden. Eine weitere Liberalisierung der Dienstleistungen und insbesondere das Aufheben des allgemeinen Verkaufsverbots am Sonntag stoßen in der Bevölkerung durchaus auf eine zunehmend positive Resonanz.

Angesichts der durch das Internet forcierten Entwicklungen mit stets verfügbaren Möglichkeiten des online-Handels oder einer tendenziell permanenten Erreichbarkeit von Mitarbeitenden ist es eine wesentliche theologische wie kulturgeschichtliche Herausforderung, diese Transformationen des Zeiterlebens kritisch zu reflektieren und nach möglichen Lösungen zu suchen. Ob und wie es möglich ist, gewisse Flexibilisierungen des Sonntagsschutzes als Zugewinn an Selbstbestimmung zu verstehen und gleichzeitig aus Gründen der Religionsfreiheit, der Pflege des kulturellen Gedächtnisses und des sozialen Zusammenhalts weiterhin gemeinsame arbeitsfreie Zeiten verlässlich zu schützen, bezeichnet gegenwärtig eine zentrale gesellschaftspolitische Aufgabe. Hier sind vorrangig der Gesetzgeber und die Tarifparteien gefragt, Lösungen zu finden. Die Kirchen haben die Aufgabe, die christlich geprägte Rhythmisierung der Zeit durch gute Angebote mit Leben zu füllen und die dazu nötigen Unterbrechungen ökonomisch nutzbarer Zeit in der Gesellschaft überzeugend zu plausibilisieren.

Unterbrechungen ökonomisch genutzter Zeit sind im Sinn der Nachhaltigkeit unverzichtbar, um die sozialen und kulturellen Grundlagen einer Gesellschaft zu fördern und um auf diese Weise indirekt auch die wirtschaftliche Leistungsfähigkeit zu sichern. Religiös-kulturelle Zeitstrukturierungen und ihre rechtlichen Absicherungen sind wesentlicher Bestandteil einer Einbettung ökonomischen Handelns, deren Zerstörung hohe externe Kosten – vor allem im Blick auf negative psycho-soziale Folgen – nach sich ziehen würde.

In ähnlicher Weise lässt sich eine Wieder-Einbettung ökonomischen Handelns durch Begrenzungen der ökonomischen Nutzung des geographischen Raumes konzipieren. In der biblischen Zeit war es noch eine unmittelbar evidente Erfahrung, dass es bestimmte Bereiche der Erde gibt, welche der Nutzbarkeit und der Verfügungsgewalt des Menschen entzogen sind. Im Schöpfungspsalm 104 und in den Gottesreden des Hiob-Buches wird exemplarisch durch die Nennung des Leviathan an einen Bereich der geschöpflichen Wirklichkeit erinnert, der sich „dem Prinzip der Zweckrationalität oder auch nur dem des Nützlichen" (Ebach 1984, 49) entzieht. Darüber hinaus zeigt die eindrücklich geschilderte Vielgestaltigkeit der Schöpfung (vgl. Ps. 104, 18; 26), dass sich diese in vielen ihrer „Elemente und Aspekte ... den Bedürfnissen des Menschen" (Ebach 1984, 48) nicht unterordnet. Angesichts der heutigen, technisch-wirtschaftlichen Nutzung nahezu aller Räume der Erde mahnt diese Erinnerung eine Selbstbegrenzung der menschlichen Verfügungsgewalt an. Sozialethisch bedeutet die Anerkennung einer eigenständigen Gottesbeziehung der nicht-menschlichen Natur die Achtung ihres intrinsischen Wertes (vgl. Meireis 2015, 146–147).

Als Vorbild einer solchen Selbstbegrenzung kann die Schaffung von Nationalparks und anderen Naturschutzgebieten bereits gegen Ende des 19. Jahrhunderts angesehen werden (vgl. Wustmans 2015, 135–138). In der Gegenwart ist eine bedeutende Ausweitung von Naturschutzgebieten etwa in Regenwäldern und darüber hinaus die Weiterentwicklung dieser Konzeption im Blick auf weitere Lebensräume, Teile der Ozeane oder des erdnahen Orbits, von höchster Dringlichkeit. Dies umzusetzen ist jedoch viel schwieriger als die Schaffung eines Naturschutzgebietes durch einen Nationalstaat, da internationale Vereinbarungen bzw. sogar weltweite Regelungen getroffen werden müssen. Die internationalen Vereinbarungen des humanitären Völkerrechts für kollektive Sicherheitsrechte sind im Blick auf „collective environmental security" am wenigsten entwickelt.

In vielen Ländern des Südens, etwa in Brasilien, dem Kongo oder Indonesien wäre es ökologisch notwendig, die dortigen Regenwälder zum Wohl weltweiter ökologischer Stabilität zu schützen. Dass diese Länder jedoch ihre natürlichen Ressourcen weniger ökonomisch nutzen dürfen, als es die heutigen Industrieländer im Blick auf ihre Landflächen getan haben oder noch tun, ist ethisch nicht zu begründen. Als Alternative bleibt die ökonomisch plausible, politisch aber schwer realisierbare Lösung, durch Geldzahlungen die entsprechenden Staaten bzw. die dortigen Landbesitzer von der ökonomischen Nutzung bestimmter Gebiete zum Schutz der Umwelt abzuhalten, was jedoch als ökologische Variante eines Neo-Imperialismus gedeutet werden kann. Dennoch ist es aus Gründen der ökologischen Stabilität notwendig, solche Selbstbegrenzungen ökonomischer Nutzung des Raums bzw. des Schutzes von lebenswichtigen Biotopen durchzusetzen. Dabei müsste die weltweite Staatengemeinschaft – allen voran die Industrienationen – aus Fairnessgründen faktische bzw. mögliche ökonomische Gewinne, welche die zu schützenden Gebiete abwerfen können, durch Kompensationszahlungen ausgleichen. Angesichts des zunehmenden weltweiten Bedarfs an Landflächen für Agroprodukte, Klimagase u. a. und entsprechender Investitionen in Grund und Boden (vgl. Bommert 2015) müssten jedoch enorme Summen aufgebracht werden, was gegenwärtig schwer vorstellbar ist.

Ein weiterer Effekt eines umfassenden Schutzes insbesondere der Regenwälder ist die nachhaltige Sicherung der kulturellen Lebensformen indigener Einwohner. Die im Vatikan im Jahr 2019 durchgeführte „Amazonas-Synode" hat durch die Präsenz und die Beiträge der indigenen Völker dieser Region eindrücklich gezeigt, wie in Amazonien der Schutz der Natur und der der Kulturen der Indigenen einander bedingen und inwiefern beide Aspekte untrennbare

Voraussetzungen von Nachhaltigkeit sind. Auch wenn es sich bei der Verdrängung der indigenen Völker, exemplarisch in Brasilien, nicht um einen Genozid im engeren Sinn des Begriffs handelt, bedroht die der kapitalistisch-industriellen Logik folgende, zerstörende Nutzung des Regenwaldes die Vielfalt der Weltgemeinschaft und damit die kulturelle Nachhaltigkeit. (vgl. Huber 2019, 36–46)

4 Die Aufgabe der Implementierung religiös-kultureller Impulse zur Stärkung nachhaltigerer Formen des Wirtschaftens

Da das ökonomische System im Wesentlichen auf Verbote, Sanktionen u. a. des Rechtssystems sowie auf in Geld berechenbare Kosten angemessen reagieren kann (vgl. Luhmann 1986), ist eine entsprechende Übersetzbarkeit der skizzierten religiös-kulturell begründeten Impulse in die rechtliche und in die ökonomische Logik aufzuzeigen. Im Blick auf Instrumente zur Implementierung entsprechender Regeln sind somit zwei Wege denkbar, die Ordnungspolitik und ökonomische Steuerungsmechanismen.

Als Instrument der Ordnungspolitik bieten sich Auflagen, Verbote, Verwaltungshandeln und staatliche Eigenvornahme, ggf. auch Subventionen von nachhaltigen Formen des Wirtschaftens an. Rechtliche Regelungen gelten in Deutschland auf unterschiedlichen Ebenen (Verfassungsrecht, bundesweite Arbeitszeitgesetze, länderspezifische Regelungen der Sonntagsarbeit, Tarifverträge u. a.) für die Gestaltung der Arbeitszeitordnungen. Im Blick auf die Dimension der Zeit ist es kaum denkbar, andere Wege zum Schutz des Kulturgutes gemeinsamer freier Zeit und des Schutzes religiöser Praktiken als die des Rechtssystems zu etablieren. Angesichts der Pluralisierungen der Zeitmuster der Gesellschaft wird es diesbezüglich darauf ankommen, gewisse Flexibilisierungswünsche in der Bevölkerung mit den geltenden Schutzrechten des Sonntags und anderer Feiertage in neuer Weise auszubalancieren.

Darüber hinaus ist es die Aufgabe der Ordnungspolitik, stärker als bisher im Blick auf Nachhaltigkeitsstandards öffentliche Güter, vor allem die Erdatmosphäre, zu schützen. Dementsprechend sind auch diesbezüglich die Instrumente der Auflagen, Verbote u. a. anzuwenden. Ebenso wichtig sind die ökonomischen Steuerungsmechanismen. Neben der Durchsetzung einer ökologisch ausgerichteten Steuerpolitik sind „künstliche“ Märkte für Umweltnutzungsrechte (insbesondere der sog. Zertifikatehandel) zu entwickeln, um auf diese Weise vermehrt unmittelbar ökonomische Instrumente zu implementieren.

In ökonomischer Perspektive ist die Ressourcennutzung der o.g. öffentlichen Güter, insbesondere die Aufnahme von Schadstoffen durch die Erdatmosphäre, bisher kaum als Kostenfaktor einbezogen worden, denn bei der Schädigung von öffentlichen Gütern konnten bisher kaum einem Produktions- und Konsumakt die entsprechenden Kosten zugerechnet werden. Preise als Signale zur Koordinierung wirtschaftlicher Transaktionen sind jedoch grundlegend verzerrt, wenn die Sicherung von Naturgütern nicht in die Preisgestaltung einbezogen wird. Indem der Wert von Naturgütern durch einen für das Wirtschaftssystem wahrnehmbaren Geldwert zum Ausdruck gebracht und in die Kostenkalkulation einbezogen werden kann, lässt sich ein entsprechend schonenderer Umgang mit diesen Gütern herbeiführen (so bereits Schramm 1994). Neben dem Einkommen der Produktionsfaktoren „Kapital“ und „Arbeit“ könnte auf diese Weise auch eine Art Einkommen für die „Natur“ aufgebracht werden. Vermutlich lässt sich eine notwendige Suffizienzorientierung (vgl. Meireis 2015, 144–145) eher über die Preisgestaltung als über ethische Motivationen oder Verbote realisieren, was allerdings Fragen der Verteilungsgerechtigkeit aufwirft.

Die Einbeziehung von Kosten für den Naturverbrauch geschieht bisher bestenfalls in bescheidenen Ansätzen. So sind auch die im aktuellen Klimapaket der Bundesregierung Ende 2019 vorgeschlagenen Preisstaffelungen zur Eröffnung des Handels mit CO2-Emissionen deutlich zu niedrig angesetzt. Angestrebt wird immerhin, dass im Rückblick durch einen Abgleich der CO2-Reduktionsziele mit den realen Entwicklungen von Emissionen die Angemessenheit der Preise neu justiert werden kann. Dies könnte jedoch mit ungleich stärkeren Belastungen in der Zukunft verbunden sein, was sowohl ethisch wie auch politisch schwer zu rechtfertigen ist. Würde man dem sowohl ökologisch wie auch ökonomisch sinnvollen Vorsichtsprinzip folgen, müsste man gegenwärtig entsprechende Rückstellungen tätigen oder direkt die Preise deutlich höher ansetzen.

5 Ausblick

Die Auflösung des in der Einleitung benannten Nachhaltigkeits-Trilemmas ist im Blick auf die Integration ökologischer und auch kultureller Stabilität besonders dringend, allerdings schwerer durchsetzbar als die Berücksichtigung sozialer Belange. Im Unterschied zur Bedeutung sozialer Bewegungen zur Durchsetzung ihrer unmittelbaren Interessen ist dies im Blick auf die ökologische Stabilität oder die Wahrung kultureller Besonderheiten vorrangig durch advokatorisch handelnde Bewegungen möglich, weil diese Anliegen entweder nur schwache oder gar keine unmittelbaren Interessenvertreter haben. Auch das aktuelle Engagement von Jugendlichen für intergenerationelle Nachhaltigkeit ist auf die Bereitschaft zur Einschränkung gegenwärtigen Nutzens seitens starker Akteure angewiesen.

Eine wichtige Rolle zur Stärkung des notwendigen advokatorischen Engagements kommt der Zivilgesellschaft und in ihr den Kirchen und religiösen Gruppen zu. Die religiöse Semantik und die von ihr geprägten Kulturen sind grundlegend von einer Einbettung ökonomischen Handelns in die Lebenswelt bestimmt, wie die Verweise auf die biblische Rhythmisierung der Zeit und die Wahrnehmung des Raumes der Schöpfung zeigen. Die Erinnerungen und die auf heutige Herausforderungen bezogenen Deutungen dieser Traditionen tragen zur Stärkung derjenigen mentalen Strukturen in der Gesellschaft bei, die für die Arbeit an der Auflösung des Nachhaltigkeits-Trilemmas notwendig sind.

Literaturverzeichnis

Arendt, Hannah. 1981. *Vita activa.* München: Piper.

Bommert, Wilfried. 2015. „Bodenrausch, die globale Jagd nach den Äckern der Welt." In *Gut – besser – zukunftsfähig. Nachhaltigkeit und Transformation als gesellschaftliche Herausforderung*, hg. von Jörg Hübner und Günter Renz, 111–128. Stuttgart: Kohlhammer.

Brundtland-Report. 1987. *World Commission on Environment and Development* (German Version). Greven: Eggenkamp.

Ebach, Jürgen. 1984. *Leviathan und Behemot. Eine biblische Erinnerung wider die Kolonisierung der Lebenswelt durch das Prinzip der Zweckrationalität.* Paderborn u. a.: Schöningh.

Giddens, Anthony. 1996. *Konsequenzen der Moderne.* Frankfurt/M.: Suhrkamp.

Huber, Wolfgang. 2019. „Cultural Sustainability in Times of Cultural Genocide." In *Cultural Sustainability. Perspectives from the Humanities and Social Sciences*, hg. von Torsten Meireis und Gabriele Rippl, 36–46. London/New York: Routledge.

Lenz, Hans. 2012. *Kleine Geschichte der Zeit.* Wiesbaden: marix.

Luhmann, Niklas. 1986. *Ökologische Kommunikation. Kann die moderne Gesellschaft sich auf ökologische Gefährdungen einstellen?* Opladen: Westdeutscher Verlag.

Luhmann, Niklas. 1988. *Die Wirtschaft der Gesellschaft.* Frankfurt/M.: Suhrkamp.

Marx, Karl und Friedrich Engels. 1848/1980. *Manifest der Kommunistischen Partei*, Berlin: Dietz.

Meireis, Torsten. 2015. „Protestantisches Ethos als ‚Killer-App'?" In *Gut – besser – zukunftsfähig. Nachhaltigkeit und Transformation als gesellschaftliche Herausforderung*, hg. von Jörg Hübner und Günter Renz, 129–151. Stuttgart: Kohlhammer.

Meireis, Torsten und Gabriele Rippl. 2019. „Introduction." In: diess. *Cultural Sustainability. Perspectives from the Humanities and Social Sciences*, 3–11. London/New York: Routledge.

Polanyi, Karl. 1944/2013. *The Great Transformation. Politische und ökonomische Ursprünge von Gesellschaften und Wirtschaftssystem.* 10. Aufl. (Orig. London 1944). Frankfurt/M.: Suhrkamp.

Sautter, Hermann. 2017. *Verantwortlich wirtschaften. Die Ethik gesamtwirtschaftlicher Regelwerke und des unternehmerischen Handelns.* Marburg: Metropolis.

Schramm, Michael. 1994. *Der Geldwert der Schöpfung. Theologie – Ökologie – Ökonomie.* Paderborn/München/Wien/Zürich: Schöningh.

Tillich, Paul. 1923. „Grundlinien des religiösen Sozialismus." *Blätter für religiösen Sozialismus* Heft 8–10.

Tillich, Paul. 1962. *Christentum und soziale Gestaltung. Frühe Schriften zum religiösen Sozialismus.* Bd. II, *Gesammelte Werke.* Stuttgart: Evangelisches Verlagswerk.

Troeltsch, Ernst. 1925. „Das Wesen des modernen Geistes." (1907) In: ders. *Gesammelte Schriften.* Tübingen: Mohr.

Wagner, Falk. 1985. *Geld oder Gott? Zur Geldbestimmtheit der kulturellen und religiösen Lebenswelt.* Stuttgart: Klett-Cotta.

Welzer, Harald. 2015. „Über Wachstum und Hyperkonsum." In *Gut – besser – zukunftsfähig. Nachhaltigkeit und Transformation als gesellschaftliche Herausforderung*, hg. von Jörg Hübner und Günter Renz, 58–65. Stuttgart: Kohlhammer.

Wustmans, Clemens. 2015. *Tierethik als Ethik des Artenschutzes.* Stuttgart: Kohlhammer.

Harald Welzer

Wissen wird überbewertet

Die Nachhaltigkeitstransformation ist eine Sache der Praxis

1 Weltreichweitegeschichten

„Meine total verrückte Reise um die Welt“, hieß am 12.9.2017 eine ganzseitige Reportage in der „Bild“-Zeitung. Dort berichtete der Reporter Michael Quandt, dass er in nur fünf Tagen „vier Kontinente, acht Städte“ bereist und dafür 40200 Flugkilometer zurückgelegt habe – und weil er ausschließlich Billigflieger benutzt hatte, kostete das Ganze lediglich 1827 Euro. (Quandt 2017) Sein Reisebericht ist gespickt mit Ausflugsberichten – Dromedarreiten in Dubai und Shave-Ice-Essen in Waikiki Beach, selbstverständlich alles belegt durch die obligaten Instagram-Fotos.

Szenenwechsel: Ein ebenfalls ganzseitiger Artikel in der Sektion „Technik & Motor“ der Frankfurter Allgemeinen Zeitung informiert am 14.5.2019 über die neue „Königsdisziplin des Yachtbaus“, sogenannte „Explorer“-Schiffe. Die sind gedacht für aktive, abenteuerlustige und sehr reiche Menschen, die sich gern in unbekannte Gefilde etwa der Arktis aufmachen. Die Schiffe haben für solche Leute eine Menge zu bieten: „Die Sea-Explorer 75 wird Suiten für bis zu zwölf Passagiere zur Verfügung stellen. Das erste Exemplar, exakt 76,9 Meter lang und 14 Meter breit, ist in Bau. Der Käufer, passionierter Skifahrer, Wellenreiter und Taucher, wird ein Arsenal an Sport- und Spaßgeräten dabeihaben, Surfequipment, Tauchkammer, Tauchbegleitboot, Skiraum mitsamt Lawinensicherheitsausrüstung, zwei Schneemobile, vier Jetski, U-Boot, Rettungsboot, Edel-Tender, zwei Außenborder-Schlauchboote. Die beiden Hubschrauber vom Typ Airbus ACH 125 bringt ein gut elf Meter messender Lift vom Doppelhangar im Bauch des Schiffes aufs zertifizierte Helideck. Maximales Startgewicht 4000 Kilogramm“ (FAZ 2019). Zwei Helikopter sind deshalb an Bord, damit der Chef gerettet werden kann, wenn er bei einer Exkursion mit dem einen in Not geraten ist – der andere startet gleich zur Rettung.

Beide Geschichten berichten von heute je nach Einkommensgruppe unterschiedlich gegebenen Varianten der Vergrößerung von Weltreichweite. Mit diesem Begriff hat der Soziologe Hartmut Rosa treffend ein Merkmal der Moderne bezeichnet: Mit wachsendem Wohlstand und mit jeweils neuer Technologie wächst die Möglichkeit der Einzelnen, über die Welt zu verfügen. Galt es vor hundert Jahren noch absolut nicht als ungewöhnlich, wenn jemand noch nie aus seinem

https://doi.org/10.1515/9783110713084-008

Dorf oder zumindest nicht über die nächstgrößere Stadt hinausgekommen war, wäre das heute eine absolute und erklärungsbedürftige Ausnahme. Fernerfahrungen machten bis in die erste Hälfte des 20. Jahrhunderts hinein vor allem Soldaten auf Feldzügen, alle anderen blieben, bis auf ein paar sehr reiche Menschen, ihr Leben lang zuhause. Erst nach dem zweiten Weltkrieg begann in Deutschland der Massentourismus, zunächst mit Italien als Sehnsuchtsland, dann je nach Preislage Spanien, Tunesien, die Türkei usw. Während der NS-Zeit hatten die KdF-Reisen den neuen Massentourismus schon angespielt, im Wirtschaftswunder ging es dann richtig los und hört seither nicht auf. Das Beispiel des Bild-Reporters zeigt eindrücklich, dass selbst Weltreisen heute keine exklusive Angelegenheit mehr für Oberschichten sind – für 1827 Euro geht das schon.

Das wiederum ist für die Superreichen unerfreulich, zählt doch solche Steigerung von Weltreichweite zum Statuskonsum, und wenn das alle machen, schwindet der Distinktionsgewinn gegen Null. Man muss folgerichtig aufrüsten – und macht das mit den „Explorer"-Schiffen. Aber – ein Blick in die Reiseteile der Printmedien genügt – der Massenkonsum zieht selbstverständlich nach: Auch mit „Hurtigruten" kann man jetzt auf den Spuren Amundsens per Kreuzfahrt in unberührte Gebiete vordringen.

Warum erzähle ich das alles? Erstens deshalb, weil die ökologischen Probleme der Gegenwart und der Klimawandel nicht zuletzt exakt darauf zurückgehen, dass expansiver Luxuskonsum besonders dann seine zerstörerischen Wirkungen entfaltet, wenn er zum Massenkonsum wird. Selbstverständlich ist der Besitzer der Explorer 75 ein Umweltzerstörer ganz außergewöhnlicher Größenordnung, aber was hunderttausende Billigtouristen auf den Spuren von dessen Modellsetzung anrichten, übertrifft seine Umweltwirkungen um ein Vielfaches. Zweitens, und das ist für die folgenden Überlegungen der wichtigere Aspekt, werden die BILD- und die FAZ-Geschichten ja deswegen erzählt, weil sie die vergrößerte Weltreichweite als gute Geschichten, zur Nachahmung empfohlen, erzählen. Exakt auf diese Weise werden „imperiale Lebensweisen", wie Ulrich Brand und Markus Wissen solchen Weltgebrauch zutreffend genannt haben, als erstrebenswert propagiert. Gesteigerter Weltverbrauch gilt in den Medien wie in der Werbung wie in der Wirtschaft wie in der Politik nach wie vor als wünschenswert und wird entsprechend subventioniert und beworben. Das „Traumschiff" gilt bis heute den Mehrheiten genauso wenig als Alptraum oder auch nur als Anachronismus wie der auf monströse Größe geschwollene Stadtgeländewagen, der wandfüllende Großbildscreen oder die riesenhafte Landhausküche, in der nie gekocht wird – im Gegenteil: Sie evozieren bei den meisten ein spontanes Gefühl des „Habenwollens".

Und sollen es ja auch: Denn die Standardökonomie geht ja wie die Standardpolitik nach wie vor davon aus, dass Wachstum volkswirtschaftlich nicht nur notwendig sei, sondern auch unabdingbar, will man die Gesellschaft stabil halten. Würde man statt „Wachstum“ allerdings jedes Mal „gesteigerter Verbrauch“ sagen, würde die zugrundeliegende Problematik sofort etwas deutlicher: Denn die Logik permanenter Steigerung des Weltverbrauchs ist es ja, was das zivilisatorische Modell des 20. Jahrhunderts im 21. in ganz erhebliche Schwierigkeiten bringt.

2 Was Handeln bestimmt

Wenn man also die Frage stellt, wie man Menschen in Hyperkonsumgesellschaften wie der der Bundesrepublik zum nachhaltigen und klimafreundlichen Handeln motivieren soll, dann muss man ganz grundsätzlich in Rechnung stellen, dass die eigenen Bemühungen in starker, wenn nicht totaler Konkurrenz stehen zu Geschichten wie den eben zitierten. Denn die Dominanz von Weltreichweitengeschichten Typ Explorer ist allumfassend, wie jeder Blick in die Reiseteile der Printmedien und die 24/7-Dauerbeschallung mit entsprechender Werbung im Internet zeigt. Da scheint es etwas verwegen, in Aufforderungen zur Genügsamkeit ein attraktives Gegenmodell zu sehen.

Irreführend ist es auch, wenn man Besserung durch Bewusstseinsbildung anstrebt. Bewusstsein ist mit Handeln nur lose verkoppelt, was sich sofort erschließt, wenn man die Werte zur Umwelt- und Klimabesorgnis in Umfragen mit dem radikal gestiegenen Umweltverbrauch in den vergangenen Jahrzehnten korreliert: Parallel zum Anwachsen des Umweltbewusstseins ist das BIP kontinuierlich gewachsen und das bedeutet: mehr Material musste mit mehr Energieaufwand extrahiert und bearbeitet werden, mehr Güter wurden global umgeschlagen und transportiert, mehr Emissionen und Müll fielen an. Die eklatanten Widersprüche werden gesellschaftlich so bearbeitet, dass man – geradezu valentinesk – die Generierung von mehr Wohlstand zur Voraussetzung der Reduktion von Umweltwirkungen erklärt, und indem man die Produkte ergrünen lässt, was am Ende einen riesigen Stadtgeländewagen mit Hybridantrieb genauso als „klimafreundlich“ erscheinen lässt wie ein Kreuzfahrtschiff mit Gasantrieb. Dass Produkte wie diese nachhaltig nur wären, wenn es sie nicht gäbe, wird leider übersehen. So funktioniert Kapitalismus: In aller Geschmeidigkeit ist er in der Lage, wirtschaftlich zu inkorporieren, was sich ursprünglich kritisch zu ihm verhielt. Auch Umweltbewusstsein kann warenförmig übersetzt werden.

Individuell lässt sich das verbleibende Unbehagen, das mitunter entsteht, wenn man Dinge tut, die *eigentlich* falsch sind, ausgesprochen leicht bewältigen. Menschen haben nicht das geringste Problem damit, die eklatantesten Widersprüche mühelos zu integrieren und im Alltag zu leben. Das Menschenbild, das voraussetzt, dass Menschen nach Widerspruchsfreiheit streben, hat sich aus

Moralphilosophie und Theologie in unsere Vorstellungswelt eingeschlichen, ist aber völlig unzutreffend. Menschen verhalten sich in unterschiedlichen Situationen höchst unterschiedlich, weil sie – im Beruf, beim Sport, in der Familie, unter Freunden – jeweils differierende Anforderungen zu erfüllen haben und mit beständig wechselnden Rollenerwartungen konfrontiert sind. Denn mit der funktionalen Differenzierung von Gesellschaften, die arbeitsteilig organisiert sind, ist ein höchst flexibler Subjekttypus entstanden, der in der Lage ist, wechselnde und oft sogar höchst widersprüchliche Rollenanforderungen in Familie, Beruf, Verein, Freundschaftsbeziehungen etc. geschmeidig zu bewältigen. Erving Goffman hat sein ganzes Werk darauf verwandt, zu zeigen, dass Menschen in modernen Gesellschaften je nach Situation höchst unterschiedlich wahrnehmen, deuten und handeln, und dass sie keinerlei Problem damit haben, sich in der einen Rolle von Normen zu distanzieren, denen sie in einer anderen Rolle folgen („Fragen Sie mich als Politiker oder als Mensch?"). Und er hat die soziale Choreographie dechiffriert, die die Beziehungen, Rollenspiele und Inszenierungen der Akteure regelt. Es ist, außer im pathologischen Grenzfall, Unsinn, das Handeln von Menschen auf Motive zurückzuführen, die situationsunabhängig wirksam würden. Und moderne Gesellschaften können umgekehrt mit Normpathologen nichts anfangen. Jemand, der situationsunabhängig wechselnde Anforderungen mit der immer gleichen Antwort versieht, landet in modernen Gesellschaften in der Psychiatrie.

Der flexible Mensch ist aber keine pathologische Spielart des eigentlich starren, sondern genau jener, den alle Sozialisationsinstanzen und Bildungseinrichtungen in modernen Gesellschaften formen: weil sie genau ihn brauchen, um funktionieren zu können. Moralische Überzeugungen sind nicht handlungsleitend, sondern geben uns eine Richtschnur dafür, welche Begründung dafür geeignet ist, eine falsche Handlung mit einem richtigen Bewusstsein in Deckung zu bringen.

Hinzu kommt, dass es vor allem Routinen und Gewohnheiten, also „mentale Infrastrukturen" sind, die alltägliches Handeln anleiten. Das Allerwenigste von dem, was wir tun, verdankt sich bewusster Entscheidung, sondern ist voreingestellt, durch die materiellen und kulturellen Gegebenheiten, die die Welt bilden, in der man existiert. Die Welt, in der man aufwächst, ist die Welt, wie sie fraglos ist. Ihre Textur bildet die kulturelle und soziale Grundierung unserer jeweiligen Existenz, und ihre Regeln sind gerade deshalb so wirksam und wirklichkeitsbestimmend, weil sie praktisch nie Gegenstand bewusster Reflexion werden. Was einem nicht bewusst ist, kann man auch nicht kritisieren oder in Zweifel ziehen.

Die sozialen Regeln des Alltagslebens bilden aber keineswegs den einzigen unbewussten Hintergrund unserer Orientierungen und Erwartungen. Insbesondere moderne Gesellschaften sind bis in die Tiefe strukturiert durch institutionelle

Verregelungen und Infrastrukturen jeglicher Art. Die *assumptive world* (Alfred Schütz), in der man lebt, prägt nicht nur Wahrnehmungen und gibt Deutungen vor, sondern legt einem damit zugleich kulturelle Verpflichtungen auf und stellt Bindungen her, die gleichfalls unbewusst bleiben. Jede Kultur stattet ihre Mitglieder mit Verhaltens-, Erwartungs- und Gefühlsstandards aus, die ihre Wirksamkeit gerade daraus beziehen, dass man sich gewöhnlich nie Rechenschaft über sie abgelegt hat. Daher erreichen Bemühungen um die Veränderung solcher Standards überhaupt nichts, wenn sie nur auf der kognitiven Ebene ansetzen – also dort, wo etwas der Erfahrung bewusst zugänglich ist. Weil Habitusprägungen jenseits der Bewusstseinsschwelle verlaufen, bleibt es in der Regel auch erfolglos, an „Einsicht“ und „Vernunft“ zu appellieren. Die Welt funktioniert kantianisch nur in dem schmalen Ausschnitt, den das wache Bewusstsein erfasst; Einsicht dringt meist nicht bis zum Verhalten vor, weil das Verhalten nicht aus Einsicht entsteht.

3 Reaktanz

Sozialpsychologisch bedeutsame historische Sachverhalte wie diese bringen schlechte Nachrichten, etwa aus den Klimawissenschaften, in ein eigentümliches Spannungsverhältnis zur gelebten Wirklichkeit: Denn jedes Datum, jedes Diagramm, jede flammende Rede von Mojib Latif oder John Schellnhuber werden als Bedrohung der gewohnten Lebensweise interpretiert. Je ernster sie genommen werden, desto weniger gleichgültig wirken sie. Paradoxalerweise entfalten schlechte Nachrichten aus der Wissenschaft das Gegenteil der gewünschten Wirkung: Angst und Verlustaversion führen nicht zur Veränderung von Lebensstilen und Kulturmodellen, sondern zu ihrem desto intensiveren Festhalten. Gerade jetzt gilt es, noch das Maximale herauszuholen! Wie anders wäre es zu erklären, dass etwa Autos seit Bekanntwerden der Klimaproblematik nicht etwa kleiner und sparsamer, sondern immer größer und ressourcenbedürftiger geworden sind. Die PS-Zahl neuzugelassener Fahrzeuge hat nicht ab-, sondern kontinuierlich zugenommen, ebenso das Durchschnittsgewicht. Das Design, das in den 1980er Jahren etwa Auspuffrohre verschämt hinter Stoßstangen versteckte, zeigt sie heute in riesigen (und funktional völlig unnötigen) Rohren vor, das Frontdesign der Autos ist aggressiv wie nie zuvor in den vergangenen 100 Jahren und der Platz- und Weltbedarf der Fahrzeuge unbegrenzt. Dasselbe gilt mutatis mutandis für die Tourismusformen, die in ihren Spielarten vom E-Mountain-Bike bis zur Arktis-Kreuzfahrt expansiv und eskapistisch wie niemals zuvor sind. Psychologisch gesprochen: die datengestützte Aufforderung zur Änderung des hyperkonsumistischen Lebensstils erzeugt Reaktanz; die Leute machen das exakte Gegenteil des Erwünschten.

Damit hat die einzige wissenschaftsgläubige Gruppierung der Gesellschaft nicht gerechnet. Denn es sind ja ausschließlich Angehörige des Betriebssystems Wissenschaft, die infolge einer *déformation professionnelle* glauben, dass Wissen Handeln anleite (und diesen Glauben leicht an der eigenen Praxis widerlegt sehen könnten, denn sie sind ja in der Regel Vielflieger und als Besserverdienende routinierte Praktiker ressourcenintensiver Lebensstile).

Es wäre mithin dringend an der Zeit, mit dem Mahnen und Warnen aufzuhören. Nicht nur, weil es habituell und biographisch bei jenen längst eingepreist sind, die seit mehreren Jahrzehnten, oft also lebenslang, denselben Mahnungen und Warnungen („Es ist 5 vor 12!") ausgesetzt sind, ohne dass sich am wirtschaftlichen und gesellschaftlichen Betriebssystem in der Entwicklungsrichtung auch nur das Geringste geändert hätte. Sondern auch, weil der Wille zum Weltverbrauch mit der Intensität der Mahnungen und Warnungen nicht ab-, sondern zunimmt.

4 Bedingungen des Pfadwechsels

Solange dieses Betriebssystem, nennen wir es das expansive Kulturmodell, ungebrochen vorherrscht, solange kann und wird es keinen Pfadwechsel hin zu nachhaltigen und klimaschützenden Wirtschafts- und Lebensformen geben. Worüber wir bei all dem sprechen, sind nicht Wille und Vorstellung, sondern Praxisformen, die Welt gebrauchen, gestalten und Weltverständnisse anleiten. Gut marxistisch formuliert: Das Sein bestimmt das Bewusstsein. Und nicht umgekehrt. Um die Herausforderungen durch einen drohenden gefährlichen Klimawandel und auch aller anderen gleichermaßen dringlichen ökologischen Krisenerscheinungen anzunehmen und zu bewältigen ist ein Pfadwechsel hin zu einem reduktiven Kulturmodell unabdingbar. Das geht nicht idealistisch per Bewusstseinsbildung, sondern durch die sich verändernde Praxis selbst. Auch wenn es sich tautologisch anhört: die Diffusionsforschung zeigt exakt das: Wenn man ein Nutzungsangebot macht, das besser als das konventionelle Angebot ist, entscheiden sich die Menschen dafür – und zwar ohne dass der Gesichtspunkt der Nachhaltigkeit für diese Entscheidung eine Rolle spielen müsste. Das beste Beispiel dafür ist die Schweizer Bahn, die deshalb von den Bürgerinnen und Bürgern intensiv genutzt wird und zur relativ geringsten PKW-Nutzung in Europa führt, weil sie hinsichtlich Komfort, Service und Zuverlässigkeit das beste Mobilitätsangebot darstellt. Dass dieses Mobilitätsangebot das klimafreundlichste ist, stellt für die Nutzer einen Kollateralnutzen dar, den sie begrüßen können oder der ihnen egal ist. Das ist für erwünschten Effekt ja auch gleichgültig.[1]

Die Nachhaltigkeitstransformation ist eine Kombinatorik aus gelungenen und gelingenden Praktiken solcher Art, eine heterotopische Transformation – schließlich bauen wir ja auf vielen Elementen auf, die – wie die Gewaltenteilung, das Wahlrecht oder die Rechtsstaatlichkeit usf. – bewahrt und gerade nicht verändert oder gar aufgegeben werden sollen. Deshalb geht es auch um keine „große Transformation", sondern um ein modulares Projekt aus sehr vielen kleinen Transformationen, die im Idealfall zusammenwirken und konkrete Utopien bilden. Zudem haben uns das zwanzigste Jahrhundert genauso wie technische Großutopien (wie etwa die zivile Nutzung der Atomenergie) darüber belehrt, dass Masterpläne zur Beglückung der Menschheit in der Regel tödliche Folgen haben. Das zivilisatorische Projekt ist nicht geschlossen, sondern offen, und es hat weder ein vorab fixiertes Endziel noch gar eine Endlösung. Es muss unter sich verändernden Bedingungen und Anforderungen flexibel weiterbaubar sein, mit Fehlern und Kollateralschäden rechnen, also korrigierbar sein.

Daher darf es, im Unterschied zur alten Moderne, kein Expertenprojekt sein, das technische und wissenschaftliche Eliten entwerfen und das die Politik dann über die Lebenswelt legt, sondern es muss in den Lebenswelten entworfen und erprobt werden. Nie gab es in den westlichen Gesellschaften mehr Gruppen, Initiativen, Genossenschaften, Kollektive, die sich anderen Wirtschafts- und Lebensstilen verschrieben haben als heute. Aber eben nicht in Gestalt großer Theoriegebäude, Manifeste und Symbole, sondern in praktischer Arbeit vor Ort. „Transition Towns" als Spielfelder neuer lokaler Wirtschaftsweisen gibt es genauso weltweit wie „Urban Gardening", beides Formen der Rückeroberung des öffentlichen Raums zu sozialen und ökologischen Zwecken. Dazu unzählige Repair-Cafés, Bürgergenossenschaften, Unverpackt-Läden, solidarische Landwirtschaften, Gemeinwohlökonomie-Unternehmen, Wohnprojekte und Ökodörfer – sämtlich Experimente in konkreter Utopie. Sie überzeugen nicht dadurch, dass es schön wäre, wenn es sie gäbe, sondern dadurch, dass es sie *gibt*, dass man sie anschauen, ausprobieren, erleben *kann*. Die Stiftung FUTURZWEI hat darüber eine Fülle von Geschichten des Gelingens publiziert[2], und der Begriff der „Reallabore" zum Experimentieren konkreter Utopien hat sich inzwischen etabliert.

Solche Labore künftigen Wirtschaftens und Lebens haben den großen Vorteil der Anschaulichkeit. Mit Frank Olin Wright geht es darum, „in den Räumen und

1 Eine Fülle von Beispielen solcher Art liefert Kopatz 2017 und 2020.

2 Siehe futurzwei.org sowie die im S.-Fischer-Verlag erschienenen Bände *FUTURZWEI-Zukunftsalmanach* 1–3 (Welzer et al. 2012, 2014 und 2016) und die im selben Verlag erschienene Buchreihe *Entwürfe für eine Welt mit Zukunft* (hg. von Harald Welzer und Klaus Wiegandt).

Rissen kapitalistischer Wirtschaften emanzipatorische Alternativen" (Wright 2017, 11) aufzubauen und um ihre Verbreitung zu kämpfen.

5 Eine konkrete Utopie: Die autofreie Stadt

Macht es tatsächlich Sinn, dass die sozialen Orte mit der größten Konzentration an Menschen, die sie bewohnen, ausgerechnet durch Infrastrukturen bestimmt sind, die weitgehend auf ein einziges Mobilitätsfeature, das im 19. Jahrhundert erfundene Automobil, ausgelegt sind? Oder wäre es nicht, gerade im Angesicht des Wachsens der Städte und des steigenden Bedarfs an Wohnraum, viel intelligenter, diese anachronistischen Verkehrsmittel einfach abzuschaffen? In einer extrem teuren Stadt wie München werden mehr als 12 Prozent der Stadtfläche mit parkenden Autos belegt, die bekanntlich im Durchschnitt höchstens eine Stunde am Tag genutzt werden. Wenn sie allerdings genutzt werden, steigt der Flächenbedarf um ein Vielfaches, und dies, um in der Regel eine einzige Person irgendwohin zu transportieren. Rechnet man die Straßen zu den Parkflächen, die Parkhäuser, Tankstellen, Autohäuser, drive-ins, bemerkt man sofort, wieviel teuerste Flächen dem fossilsten aller Verkehrsmittel ganz selbstverständlich zur Verfügung gestellt werden. Ampeln, Zebrastreifen, Unterführungen, Lärmschutzwände kanalisieren den Bewegungsraum in der Stadt; Feinstaub, Lärm, Abgas schädigen Gesundheit und Klima.

Vielleicht ist es nicht smart, aber dafür klug, über die analoge Stadt nachzudenken. Ein Effekt digitaler Kommunikation ist ja die zunehmende Atomisierung der einzelnen durch die Filterblasen, die bekanntlich dadurch entstehen, dass man im Netz immer jene Informationen, Werbungen usw. bekommt, von denen ein Algorithmus gelernt hat, dass sie den Präferenzen der User entsprechen. Das ist für Demokratie, wie sich zeigt, höchst problematisch, da diese auf den zwanglosen Zusammenhalt ihrer Bürgerinnen und Bürger baut, die dafür an etwas Gemeinsamem teilhaben müssen und nicht in getrennten und informationell voreinander abgeschotteten Welten existieren dürfen. Eine durchdigitalisierte Kommunikation ist, kurz gesagt, nicht demokratiefähig (von den Problemen mit der fehlenden Privatheit, der Überwachung und Kontrolle usw. noch ganz abgesehen).

Was wäre, wo digitale Kommunikation nun mal in der Welt ist, eine geeignete Maßnahme gegen die zunehmende Vereinzelung? *Die Schaffung analoger Räume.* Wenn es hinreichend Orte und Gelegenheit des nicht virtuellen, sondern ganz und gar realen physischen Zusammenkommens gäbe, würde Demokratie wieder verlebendigt. Eine wesentliche Verunmöglichung zwangloser Begegnung in der Stadt von heute ist der Verkehr und die zugehörigen Infrastrukturen. Beides schickt die Bürgerinnen und Bürger und übrigens erst recht ihre Kinder in beschränkte Areale, wo sie sich einzufinden haben, wenn sie nicht überfahren werden wollen: Bürgersteige, Unterführungen, Parkanlagen, Plätze, sofern sie autofrei sind.

Wie würde eine Stadt funktionieren, in der es weder Autos noch Autostraßen noch Ampelanlagen noch Zebrastreifen noch Parkplätze und -häuser noch Verkehrsschilder gäbe? Nun, zunächst einmal gäbe es weniger Tote und Verletzte. Und weniger Lärm, weniger Emissionen, weniger Feinstaub, weniger Aggressivität. So eine Stadt wäre aber nicht nur erheblich freundlicher und nachhaltiger, sie wäre eben auch eine der Wiederentdeckung des öffentlichen Raums als Ort der Begegnung. Wenn man auf Wegen frei flanieren, ja, sogar Kinder unbesorgt herumlaufen lassen kann, wenn kostbare Flächen nicht mehr für das Parken und Fahren reserviert werden müssen, ergibt sich zum einen die Chance auf die Zurückeroberung des Gemeinguts „Boden" – alles, was bislang für die Autos und ihre Infrastrukturen vorgehalten wird, kann als Almende im städtischen Besitz umgenutzt werden. Das nennt man „Bodenvorratspolitik" – endlich könnte eine Kommune wieder über Boden zur Bebauung mit Sozialwohnungen, Gebäuden mit Zweckbindung und ökologischen Standards verfügen.

Durch das Verschwinden der Autos haben wir eine wunderbare Verknüpfung von sozialer und ökologischer Nachhaltigkeit. Das Leben wird besser und demokratischer mit weniger Aufwand und Verbrauch. Und noch etwas: Der öffentliche Verkehr, ein modulares System aus Fahrrad, Rufbus, Linienbus, Tram, S-Bahn, Regional- und Fernbahn kann mit Hilfe der Digitalisierung ein höchst fein abgestimmtes, benutzer- und umweltfreundliches Gewebe werden. Wenn man diesen Verkehr kostenlos macht – was durch den Wegfall der Subventionen für die Autoindustrie und die automobile Infrastruktur nicht einmal utopisch ist, ist neben dem kulturellen und dem Nachhaltigkeitsziel gleich noch eine sozialpolitische Utopie erreicht: nämlich die unterschiedslose Teilhabemöglichkeit an Mobilität. Jede und jeder darf mitfahren, egal ob arm oder reich.

Die autofreie Stadt als konkrete Utopie ist also demokratischer, nachhaltiger und sozialer als die Autostadt. Auf diese Weise wird Klimaschutz praktisch etabliert, lebt sich als besserer Lebensstil, als Normalität ein. Um klimafreundlich zu leben, muss man das Klima nicht im Sinn haben.

Literatur

FAZ. 2019. *FAZ*, 14.5.2019, T1.

Kopatz, Michael. 2017. *Ökoroutine. Damit wir tun, was wir für richtig halten.* München: oekom.

Kopatz, Michael. 2020. *Schluss mit der Ökomoral. Wie wir die Welt retten, ohne ständig daran zu denken.* München: oekom.

Quandt, Michael. 2017. „Meine total verrückte Reise um die Welt." *Bild*, 12.09.2017. https://www.bild.de/news/inland/bild-reporter/meine-total-verrueckte-reise-um-die-welt-53184638.bild.html

Welzer, Harald und Stephan Rammler, Hg. 2012. *Der FUTURZWEI-Zukunftsalmanach 2013. Geschichten vom guten Umgang mit der Welt.* Frankfurt/M.: Fischer.

Welzer, Harald, Dana Giesecke und Saskia Herbert, Hg. 2016. *FUTURZWEI Zukunftsalmanach 2017/18: Geschichten vom guten Umgang mit der Welt.* Frankfurt/M.: Fischer.

Welzer, Harald, Dana Giesecke und Luise Tremel, Hg. 2014. *FUTURZWEI Zukunftsalmanach 2015/16. Geschichten vom guten Umgang mit der Welt.* Frankfurt/M.: Fischer.

Wright, Frank Olin. 2017. *Reale Utopien. Wege aus dem Kapitalismus.* Berlin: Suhrkamp.

Wolfgang Huber

Leben in einer Welt im Wandel

Wie können Gesellschaften zu nachhaltiger Entwicklung beitragen?

Seit dem Genozid in Ruanda im Jahr 1994 beschäftigt mich die Frage nach den Voraussetzungen und Folgen dieser erschreckenden Ereignisse. Für meine Frau und mich ergab sich die Möglichkeit, Ruanda in dem Jahr zu besuchen, in dem des Völkermords an Tutsi und anderen Personengruppen gedacht und nach weiterführenden Wegen der Versöhnung gesucht wird.[1] Die Bedeutung der Ereignisse in Ruanda im Jahr 1994 für die Grundfragen eines humanitären Völkerrechts, für die Rolle der internationalen Gemeinschaft und insbesondere für die Verwirklichung der *Responsibility to Protect* ist für mich persönlich von fortdauernder Bedeutung.

Zum ersten Mal in meinem Leben habe ich die Möglichkeit, Ruanda zu besuchen, und bin beeindruckt von der wirtschaftlichen Entwicklung des Landes. Mich beschäftigt bei diesem Besuch in besonderer Weise die Rolle der christlichen Kirchen für die Menschen in Ruanda und für die Entwicklung der Zivilgesellschaft. Ebenso interessiert mich, was Deutschland und die Europäische Union zu der Entwicklung dieses eindrucksvollen Landes beitragen können. Ich halte in diesem Zusammenhang den privaten Sektor und die Zivilgesellschaft für ebenso wichtig wie die Verantwortung der staatlichen Institutionen. Besonders geht es mir um ein besseres Verständnis der Beziehungen zwischen diesen drei Akteuren – den staatlichen Instanzen, dem privaten Sektor und der Zivilgesellschaft (einschließlich der Kirchen). Doch niemand wird von mir nach einem kurzen Aufenthalt in diesem Land abschließende Einschätzungen oder festgefügte Positionen zu diesen Fragen erwarten.

Das mir gestellte Thema ist viel allgemeiner gehalten. Es konfrontiert uns mit den globalen Herausforderungen unserer Zeit; und es bezieht sich auf alle gesellschaftlichen Akteure. Es kann deshalb in den folgenden Überlegungen nur darum gehen, einige Schneisen in das Dickicht dieser Diskussion zu schlagen. Drei Perspektiven rücken in den Vordergrund: Welche Art von Wandel? Welche Art von nachhaltiger Entwicklung? Welche Art von Gesellschaft? Ich schaue auf diese drei Fragen nicht nur mit der Brille, sondern mit den Augen eines Christen, eines

1 Vortrag auf Einladung der Friedrich-Ebert-Stiftung in Kigali (Ruanda) am 10. September 2019. Übersetzung aus dem Englischen durch den Autor; der Stil der mündlichen Rede wurde beibehalten.

https://doi.org/10.1515/9783110713084-009

Ethikers, eines Europäers deutscher Herkunft, der sein Leben lang unterwegs ist, ein Weltbürger, ein Kosmopolit zu werden.

1 Welche Art von Wandel?

Die globale Realität unserer Zeit ist in einem hohen Maß durch die Fortschritte von Wissenschaft und Technik geprägt. Zugleich ist sie durch die Dynamik der globalen Wirtschaft mitsamt den durch sie verursachten Spannungen charakterisiert. Die folgenden Züge scheinen dabei von vorrangiger Bedeutung zu sein: Digitalisierung, globale Erwärmung, globale Ungerechtigkeit. In aller Kürze will ich diese drei globalen Herausforderungen skizzieren, alle damit verbundenen Vereinfachungen und Zuspitzungen in Kauf nehmend.

Wir bezeichnen das gegenwärtige Zeitalter als die digitale Ära, weil wir Zeugen einer technologischen Innovation sind, die von vergleichbar einschneidendem Einfluss ist wie die Erfindung des Buchdrucks mit beweglichen Lettern. Der Übergang zu diesem neuen Zeitalter wird aus guten Gründen mit dem Datum identifiziert, zu dem mehr als fünfzig Prozent der global zugänglichen Informationen nicht mehr analog, sondern digital gespeichert wurden. Dieser Übergang vollzog sich zu Beginn des 21. Jahrhunderts. Der entscheidende Unterschied zum Druck mit beweglichen Lettern besteht darin, dass die Digitalisierung in weit höherem und umfassenderem Maß disruptiven Charakter trägt. Sie beeinflusst nicht nur die Methoden der Massenkommunikation, sondern ebenso die Kommunikation zwischen Individuen und sozialen Gruppen oder sozialen Netzwerken. Sie verändert nicht nur die Kommunikation, sondern ebenso Arbeit, Industrie, Verwaltung, Mobilität, Krieg und so fort. Sie führt eine Welt herauf, in der jede einzelne Information grundsätzlich an allen Orten des Globus im selben Augenblick zugänglich ist. Mit digitalen Mitteln lässt sich ein Börsenzusammenbruch ebenso hervorrufen wie eine humanitäre Initiative. Die Kriegsführung lässt sich ebenso durch „autonome" Waffen revolutionieren wie die Mobilität durch „autonome" Kraftfahrzeuge. Wellen von Massenmigration in wirtschaftlichen Krisensituationen können ebenso mit digitalen Mitteln gefördert werden wie demokratische Aufstände gegen Diktaturen. Medizinische Diagnostiken lassen sich durch „Big Data" um Quantensprünge verbessern, doch persönliche Freiheit und Selbstbestimmung lassen sich mit denselben Instrumenten aushöhlen. Wir schauen mit einer befremdlichen Mischung von Hoffnung und Verzweiflung auf eine mögliche Integration von Digitalisierung und Gentechnik und sind dabei durch enorme Möglichkeiten genauso verwirrt wie durch enorme Risiken. Diese Prozesse sind in verschiedenen Teilen des Globus von unterschiedlicher Aktualität; die Differenzen hängen mit dem unterschiedlichen Maß an wirtschaftlicher

Macht und wissenschaftlich-technischer Entwicklung in verschiedenen Regionen zusammen. Aber von Bedeutung sind sie für alle Teile des Globus.

Die Erderwärmung ist von vergleichbarer globaler Relevanz. Es handelt sich schon längst nicht mehr um ein Problem von Statistiken und Extrapolationen. Der Klimawandel ist ein Teil der Alltagserfahrung geworden. In Island brachte die Premierministerin Katrin Jakobsdóttir am 18. August 2019 eine Gedenktafel für einen toten Gletscher an, auf der zu lesen ist: „Ein Brief an die Zukunft. Ok ist der erste isländische Gletscher, der seinen Status als Gletscher verloren hat. In den nächsten zweihundert Jahren ist für all unsere Gletscher zu erwarten, dass es ihnen ebenso ergeht. Dieser Gedenkstein legt Zeugnis davon ab, dass wir wissen, was geschieht und was getan werden muss. Ihr allein wisst, ob wir es getan haben." In Kigali sah ich eine alte Photographie des Karisimbi Vulkans mit einer Schneehaube; heutzutage ist der Vulkan niemals mehr mit Schnee zu sehen.

Gleichwohl ist für die südliche Hemisphäre des Globus das Schicksal menschlicher Personen von größerer Bedeutung als der Tod von Gletschern oder Schneehauben auf Vulkanen. Das Abschmelzen des Eises in der Arktis und der Antarktis und die Erhöhung des Meeresspiegels, für die Bangladesch das herausragende Beispiel ist, zeigen, wie menschliche Interventionen die Lebensbedingungen auf der Erde verändern. Eine Gruppe von Nobelpreisträgern proklamierte deshalb schon vor mehr als einer Dekade das „Anthropozän" – eine geologische Epoche, die auf das Holozän folgt und durch die Tatsache bestimmt ist, dass geologische Faktoren maßgeblich und direkt durch menschliche Interventionen beeinflusst werden. Man mag es für übertrieben halten, dass David Grinspoon im Jahr 2016 einem Buch den Titel gab: „Earth in Human Hands". Es ist gleichwohl zutreffend, dass der Einfluss menschlicher Aktivitäten auf das Schicksal der Erde als menschlichem Habitat ohne jede Parallele in der Menschheitsgeschichte ist. Das Bevölkerungswachstum, die exzessive Ausbeutung und der anhaltende Missbrauch natürlicher Ressourcen tragen zu einer Entwicklung bei, die uns dem Zusammenbruch des ökologischen Gleichgewichts immer näher bringt.

Nicht zuletzt müssen wir uns den Fakten zuwenden, die sich auf den Mangel an menschlichem und sozialem Gleichgewicht auf der Erde beziehen. Zwar gab es seit der Wende vom 20. zum 21. Jahrhundert Fortschritte bei der Verringerung der Armut und der Bekämpfung des Hungers. Doch wenn man einer internationalen Übereinkunft folgend die absolute Armutsgrenze bei 1,90 $ pro Tag ansetzt, verlangsamte sich der Rückgang der Armut in den zurückliegenden Jahren. Nach den offiziellen Angaben der Weltbank beträgt derzeit die Zahl der Menschen auf dem Globus, für die pro Tag weniger als 1,90 $ zur Verfügung stehen, 735 Millionen; davon leben 413 Millionen in Afrika südlich der Sahara und 216 Millionen in Südasien. Ein ähnliches Bild zeigt sich im Blick auf die Länder, deren Bewohner unter andauerndem, extremem Hunger leiden. Viele von ihnen liegen südlich der Sahara. Die schlimmste Situation weltweit herrscht im Sudan. Wenn wir von einer „Welt im Wandel" sprechen, müssen wir Hunger und Armut als die größten humanitären Herausforderungen auf dem Globus hervorheben. Dieser Skandal ist mit dem Tatbestand zu konfrontieren, dass der Globus die Weltbevölkerung ungeachtet ihres Wachstums ernähren könnte. Aber die zentralisierten Produktionsformen, die kapitalistische Organisation der globalen Ernährungsindustrie und die Vernichtung kleinbäuerlicher und selbständiger Formen der Landwirtschaft tragen dazu bei, dass eine reiche Welt ihre Einwohner nicht in gerechter und ausreichender Weise ernährt. Das Politikversagen und das wachsende Maß an Korruption sowie die Zunahme gewaltsamer Konflikte tragen zu solchen Tragödien in hohem Maß bei. Die mangelnde Achtung vor der Würde von Frauen und ihrem Beitrag zu nachhaltiger Entwicklung sowie die Verfolgung von ethnischen, religiösen und anderen Minderheiten verschärfen die Situation globaler Ungerechtigkeit. Armut und Hunger sind zentrale Herausforderungen für eine gemeinsame, kohärente und mutige Initiative der globalen Gemeinschaft, wie sie von der Agenda 2030 für nachhaltige Entwicklung gefordert wurde. Für den Zeitraum bis 2030 wurde diese Agenda im Jahr 2015 proklamiert. (UN 2015) Ein Drittel dieser Zeit ist inzwischen bereits vergangen.

2 Welche Art von nachhaltiger Entwicklung?

Um welche Art von nachhaltiger Entwicklung es geht, wurde in der Präambel der Agenda 2030 mit folgenden Worten zusammengefasst:

> *Diese Agenda ist ein Aktionsplan für die Menschen, den Planeten und den Wohlstand. Sie will außerdem den universellen Frieden in größerer Freiheit festigen. Wir sind uns dessen bewusst, dass die Beseitigung der Armut in allen ihren Formen und Dimensionen, einschließlich der extremen Armut, die größte globale Herausforderung und eine unabdingbare Voraussetzung für eine nachhaltige Entwicklung ist.*
>
> *Alle Länder und alle Interessenträger werden diesen Plan in kooperativer Partnerschaft umsetzen. Wir sind entschlossen, die Menschheit von der Tyrannei der Armut und der Not zu befreien und unseren Planeten zu heilen und zu schützen. Wir sind entschlossen, die kühnen und transformativen Schritte zu unternehmen, die dringend notwendig sind, um die Welt auf den Pfad der Nachhaltigkeit und der Widerstandsfähigkeit zu bringen. Wir versprechen, auf dieser gemeinsamen Reise, die wir heute antreten, niemanden zurückzulassen.*
>
> *Die heute von uns verkündeten 17 Ziele für nachhaltige Entwicklung und 169 Zielvorgaben zeigen, wie umfassend und ambitioniert diese neue universelle Agenda ist. Sie sollen auf den Millenniums-Entwicklungszielen aufbauen und vollenden, was diese nicht erreicht haben. Sie sind darauf gerichtet, die Menschenrechte für alle zu verwirklichen und Geschlechtergleichstellung und die Selbstbestimmung aller Frauen und Mädchen zu erreichen. Sie sind integriert*

und unteilbar und tragen in ausgewogener Weise den drei Dimensionen der nachhaltigen Entwicklung Rechnung: der wirtschaftlichen, der sozialen und der ökologischen Dimension.

Die Ziele und Zielvorgaben werden in den nächsten fünfzehn Jahren den Anstoß zu Maßnahmen in den Bereichen geben, die für die Menschheit und ihren Planeten von entscheidender Bedeutung sind. (UN 2015)

Für lange Zeit wurden die Begriffe „Entwicklung“ und „Nachhaltigkeit“ voneinander getrennt; nun sind sie im Begriff der „nachhaltigen Entwicklung“ miteinander verbunden – mit der Intention, dass sie einander wechselseitig interpretieren. Entwicklung ist nicht länger ein Wert in sich selber, sondern muss unter dem Gesichtspunkt der Nachhaltigkeit betrachtet und evaluiert werden. Und Nachhaltigkeit ist nicht länger ein statisches Prinzip, sondern ist als eine Näherbestimmung von Entwicklung zu verstehen. Unter den wichtigen Implikationen dieser begrifflichen Strategie ist besonders hervorzuheben, dass nicht nur die sogenannten „Entwicklungsländer“, sondern auch die sogenannten „entwickelten Länder“ der Entwicklung bedürfen. Denn alle Länder – seien es Industrieländer, Schwellenländer oder arme Länder – bedürfen der Entwicklung unter dem Gesichtspunkt der Nachhaltigkeit.

Im Blick auf den Begriff der Nachhaltigkeit folgt die Agenda 2030 einer Grundlinie, die 1987 durch den Brundtland-Report „Unsere gemeinsame Zukunft“ entwickelt und 1992 von dem Erdgipfel in Rio de Janeiro übernommen wurde. Gegenüber einer ausschließlich ökologischen Auffassung von Nachhaltigkeit vertreten diese Dokumente die Auffassung, dass Nachhaltigkeit drei Dimensionen umfasst, nämlich eine wirtschaftliche, eine soziale und eine ökologische. Seit dieser Zeit werden diese drei Pfeiler für die Förderung von Nachhaltigkeit als wesentlich angesehen. Die Rio + 20 Konferenz, die 2012 erneut in Rio de Janeiro abgehalten wurde, schloss sich an diese begriffliche Strategie an. Sie hob zwar die Begrenzung des Klimawandels besonders hervor und forderte, die Erderwärmung durch die Nutzung alternativer Energiequellen, die an die Stelle fossiler Energiequellen treten sollten, zu stoppen sowie alternative Konzepte einer Mobilität ohne schädliche Emissionen zu fördern. Das allgemeine Konzept bestand indes weiterhin darin, dass Nachhaltigkeit auf den drei Pfeilern wirtschaftlicher Stabilität, sozialer Gerechtigkeit und umweltbezogener Tragfähigkeit beruht. Wie wir sahen, bestimmt diese Auffassung auch das Verständnis von Nachhaltigkeit in der Agenda 2030.

Immer wieder wird darauf hingewiesen, dass der Gedanke der Nachhaltigkeit in der Forstwirtschaft entstanden ist und sich zum ersten Mal bei dem deutschen Oberberghauptmann Hans Carl von Carlowitz findet, der im Jahr 1713 eine umfassende Abhandlung zur Forstwirtschaft veröffentlichte. Für ihn war „Nachhalt“, also dauerhafte Versorgung, ein wirtschaftliches Prinzip, das dem Ziel diente, den

Wald in einer Weise zu entwickeln, aus der sich ein dauerhafter Nutzen über den Wechsel der Generationen hinweg ergab. Bäume sollten in einem Rhythmus gepflanzt, gepflegt und geschlagen werden, aus dem sich ebenso ein vernünftiger Ertrag wie eine leistbare Aufforstungsrate ergab. Bald wurden derartige Überlegungen auch auf die Landwirtschaft angewandt. Die Kultivierung des Bodens mit den Mitteln der Fruchtfolge bildet das grundlegende Beispiel für die Anwendung des Nachhaltigkeitsgedankens in diesem Feld wirtschaftlichen Handelns. Die industrielle Revolution mit ihrer Tendenz, natürliche Ressourcen und die Umwelt durch die Abfälle aus Produktion, Verpackung, Transport und Verbrauch auszubeuten, zeigte eine wachsende Gleichgültigkeit gegenüber dem Gebot nachhaltigen Wirtschaftens. Erst mit der Debatte über die „Grenzen des Wachstums" (1972) begann eine kritische Auswertung des industriell geprägten Austauschs zwischen Mensch und Natur.

Der ausbeuterische Umgang mit der Umwelt wurde von manchen Kritikern als Folge einer vermeintlich jüdisch-christlichen Vorstellung vom Menschen als Beherrscher der Erde verstanden. Diese Vorstellung bezog man auf den biblischen Satz aus der ersten Schöpfungserzählung in Genesis 1:26, dem zufolge der Mensch zur Herrschaft über die Erde erschaffen wurde. Dem wurde entgegengehalten, dass die zweite Schöpfungserzählung in Gen 2:14 einen anderen Akzent setzt und den Auftrag der Menschen darin sieht, die Erde zu bebauen und zu bewahren. Die neuere christliche Ethik versteht die Aufgabe des Menschen von hier aus und deutet „Nachhaltigkeit" als ein Prinzip des fürsorglichen Respekts für die Integrität der Schöpfung.

Schon in den siebziger Jahren des vergangenen Jahrhunderts machte sich der Ökumenische Rat der Kirchen als Leitidee einer globalen Sozialethik das Konzept der gerechten, partizipatorischen und nachhaltigen Gesellschaft zu eigen; er wollte damit entfalten, was seit der Gründung des Ökumenischen Rats der Kirchen im Begriff der „verantwortlichen Gesellschaft" zusammengefasst worden war. Das Konzept der gerechten, partizipatorischen und nachhaltigen Gesellschaft wurde bald nach seiner Formulierung in die drei Prinzipien der Gerechtigkeit, des Friedens und der Integrität der Schöpfung umgewandelt. Die Vollversammlung des Ökumenischen Rats der Kirchen, die 1983 in Vancouver zusammentrat, machte sich diese Prinzipien zu eigen. Im Lauf der achtziger und zu Beginn der neunziger Jahre des vergangenen Jahrhunderts erwiesen sich diese Prinzipien als außerordentlich einflussreich, insbesondere während der Transformation und der friedlichen Revolution an der Grenze zwischen Ost- und Westeuropa. Bei allem Respekt für diesen Einfluss lassen sich manche Mängel dieses Konzepts nicht übersehen. Zum einen fehlt ihm nach meiner Auffassung ein ausdrücklicher Bezug auf persönliche Freiheit und politische Partizipation, oder allgemeiner: auf die Menschenrechte. Zum anderen erscheint es mir als bedauerlich, dass der

Ökumenische Rat der Kirchen das Konzept oder zumindest den Begriff der Nachhaltigkeit ausgerechnet in dem Augenblick aufgab, in dem er in der globalen Debatte eine überwältigende Relevanz gewann. Das trug zu einer Entwicklung bei, in der die Rolle der ökumenischen Bewegung für die Durchsetzung des Gedankens der Nachhaltigkeit als Grundprinzip einer zeitgemäßen öffentlichen Ethik nahezu verschwand. Die Einsicht in die menschliche Verantwortung für die geschaffene Welt fand nun in der Formel „integrity of creation" Ausdruck, die im deutschen Sprachraum als „Bewahrung der Schöpfung" scheinbar aktiver, aber zugleich auf problematische Weise anmaßend wiedergegeben wurde. Aus einem menschlichen Handeln, das seinen Antrieb aus der Achtung für die Integrität oder Würde der Schöpfung bezieht, wurde die Vorstellung von einem menschlichen Handeln, das Gottes Schöpfung zu bewahren vermag.

Auch in ökumenischen Debatten und theologischen Diskursen wird weithin als selbstverständlich vorausgesetzt, dass die drei Pfeiler des Brundtland-Berichts von 1987 die Dimensionen der Nachhaltigkeit ausreichend charakterisieren. Es gibt jedoch gute Gründe dafür, diese Selbstverständlichkeit in Zweifel zu ziehen. Wie schon erläutert, beschreibt der Begriff der Nachhaltigkeit ursprünglich ein wirtschaftliches Konzept. Mit dem Aufkommen der Umweltbewegung wurde man sich der Tatsache bewusst, dass dieses wirtschaftliche Konzept die Notwendigkeit einschloss, die künftigen Folgen gegenwärtigen wirtschaftlichen Handelns zu berücksichtigen, und zwar mit einer besonderen Aufmerksamkeit für dessen Auswirkungen auf Natur und Umwelt. Nachdem man diese beiden Dimensionen voneinander unterschieden hatte, kam die Frage auf, ob damit Nachhaltigkeit für ein wirtschaftliches Konzept steht, das ökologische Auswirkungen auf Kosten der sozialen Verantwortung hervorhebt. Um einer solchen Kritik entgegenzutreten, setzte man sich dafür ein, in die Debatten über Nachhaltigkeit auf der internationalen wie auf der nationalen Ebene die Bedeutung sozialer Gerechtigkeit ausdrücklich einzubeziehen. Aus diesem Gang der Debatte entstand die Drei-Pfeiler-Theorie.

Doch die Beschränkung auf drei Pfeiler schließt erhebliche Probleme ein. Sie funktioniert am ehesten dann, wenn man den Umweltaspekt als eine einschränkende Bedingung für die Art der Ausübung wirtschaftlicher oder sozialer Aktivitäten versteht. Doch die Wechselwirkung zwischen menschlichen Akteuren und der Umwelt kann nicht nur unter einer solchen restriktiven Perspektive betrachtet werden, denn diese Interaktion schließt die Elemente des Bebauens und Bewahrens, der Kultivierung und des Schutzes ein. Sobald man diese Wechselwirkung nicht nur unter dem Gesichtspunkt der Begrenzung, sondern ebenso unter demjenigen der Gestaltung sieht, erweist es sich als unausweichlich, die verschiedenen Aspekte von Nachhaltigkeit mit der Frage zu verbinden, was sie zu einer guten Zukunft menschlicher Gesellschaften beitragen. Aus einer solchen

Perspektive sind die geläufigen Beschreibungen von Nachhaltigkeit unvollständig. Mindestens zwei Pfeiler müssen ergänzt werden.

Der erste – beziehungsweise vierte – Pfeiler lässt sich als *good governance* bezeichnen, also die Etablierung effizienter und transparenter Institutionen, die Verwirklichung demokratischer Grundsätze und die Einhaltung rechtsstaatlicher Verfahren. Wenn man heute deutsche Wirtschaftsvertreter fragt, warum nach ihrer Einschätzung Investments in Ruanda mit einer höheren Wahrscheinlichkeit nachhaltige Wirkungen haben als in anderen Ländern auf dem afrikanischen Kontinent, heben sie Aspekte der *good governance* hervor. Für sie sind die Verhinderung von Korruption, politische Stabilität und Rechtssicherheit von entscheidender Bedeutung. Die positive Beurteilung Ruandas im Verhältnis zu anderen afrikanischen Ländern bedeutet nicht, dass es sich dabei um einen vergleichsweise perfekten Staat handelt, sondern um einen Staat, der – aus wirtschaftlicher Perspektive geurteilt – eine vergleichsweise gute *governance* aufweist, in der man einen wesentlichen Beitrag zu Nachhaltigkeit sieht.

Für den zweiten – beziehungsweise fünften – Pfeiler wähle ich den Begriff der kulturellen Resilienz. Dabei habe ich nicht im Sinn, was in einer problematischen deutschen Debatte als „Leitkultur“ bezeichnet wird. Mit diesem Begriff verbindet sich in der Regel eine Tendenz dazu, die Vielfalt kultureller Ausdrucksformen auf eine maßgebliche Kultur zu begrenzen, die allzu oft schlicht mit der Nationalkultur des entsprechenden Landes gleichgesetzt wird. Statt eines solchen Kanons kultureller Normalität habe ich bei meinem Vorschlag die Fähigkeit einer Gesellschaft im Blick, mit ihrer inneren Pluralität und mit ihren inneren Konflikten, mit ihren Divergenzen und Differenzen, mit den Schmerzen ihrer Vergangenheit und den Ungewissheiten ihrer Zukunft in einer kommunikativen und damit integrativen Weise umzugehen. Kultur im weitesten Sinn des Wortes ist das Feld, in dem Perspektiven, Äußerungsformen und symbolische Verdichtungen entwickelt, präsentiert und ausgetauscht werden, die sich auf diese Pluralität und Konflikthaftigkeit sowie auf ungeheilte Wunden der Vergangenheit und Ungewissheiten der Zukunft beziehen. In so verstandener Kultur geht es darum, die Erfahrungen von Menschen mit der Symbolisierung möglicher Deutungen für diese Erfahrungen zu verbinden. Religion und Kunst, öffentliches Gedenken und politische Debatten, Tanz und Sport, der Austausch auf digitalen Plattformen und Qualitätsjournalismus und viele weitere Gestaltungsformen gehören zu diesem breiten und diversen Feld der Kultur. Der innere Zusammenhalt einer Gesellschaft droht zu erodieren, wenn es ihr an einem kulturellen Austausch fehlt, der durch Qualität und Reichweite geprägt ist. Politischer Populismus entwickelt sich in Schwächeperioden der kulturellen Resilienz besonders leicht. Religiöser Fundamentalismus gedeiht besonders dann, wenn es an kulturellen Widerlagern fehlt. Nach meiner Überzeugung dringt Populismus in Bereiche ein, in denen es an kultureller Resilienz mangelt. Wenn ich dabei den Begriff der Resilienz verwende, verbinde ich damit nicht die Vorstellung, dass Kultur nach einer Phase der Ermattung oder anderer Schwierigkeiten schnell wieder in einen früheren Zustand zurückkehrt. Ich habe eher die Fähigkeit von Kultur im Sinn, aktuelle Herausforderungen dadurch zu integrieren, dass sie kulturelle Traditionen in einer Weise nutzt und gegebenenfalls sogar zelebriert, in der diese in einen Dialog mit neuen kulturellen Sprachen und Formen gebracht werden. Für diese Art von Resilienz ist es in meiner Sicht entscheidend, dass Kultur nicht als ein Instrument der Ausgrenzung oder Trennung, sondern als ein Mittel der Kommunikation und des Austauschs wirksam wird.

Mein Vorschlag einer Erweiterung des Begriffs der Nachhaltigkeit bedarf einer weit umfassenderen Ausarbeitung, als ich sie hier leisten kann.[2] Dennoch wage ich es, eine modifizierte Sicht der Nachhaltigkeit vorzuschlagen, die *good governance* und kulturelle Resilienz ebenso umfasst wie ökonomische Stabilität, soziale Gerechtigkeit und umweltbezogene Tragfähigkeit.

3 Welche Art von Gesellschaft?

In verschiedenen Erdteilen lässt sich ein Kampf zwischen zwei Bildern von Gesellschaft beobachten. Ich nenne sie (in lockerer Anknüpfung an Karl R. Popper) die regulierte und die offene Gesellschaft. Aus einer europäischen Perspektive sind die Transformationen, die vor drei Jahrzehnten Europa veränderten, für eine solche Perspektive von entscheidender Bedeutung. Die Völker Osteuropas lebten bis 1989 unter extrem regulierten Bedingungen; zu ihren Wirkungen gehörte, dass eine unabhängige Zivilgesellschaft als ein öffentlicher Bereich selbstbestimmter Entwicklung und offenen Austauschs von Überzeugungen nicht vorgesehen war. Dennoch fanden Bürgerinnen und Bürger vor und während dem Jahr 1989, was offiziell in ihren Ländern gar nicht existierte, nämlich zivilgesellschaftliche Räume. Sie nutzten die Dächer von Institutionen, denen es gelang, eine relative Unabhängigkeit von den staatlichen Autoritäten zu bewahren und auf diese Weise zu simulieren, was es nicht gab: eine Zivilgesellschaft. Sie praktizierten unter dem Dach von Kirchen oder Gewerkschaften Zivilcourage und setzten dadurch Debatten über zentrale politische Themen in Gang. Sie beharrten auf Menschenrechten und bürgerlichen Freiheiten, die von ihren Staaten – insbesondere mit der Unterzeichnung der Schlussakte von Helsinki im Jahr 1985 – formell anerkannt

2 Zum kulturellen Pfeiler der Nachhaltigkeit vgl. Meireis und Rippl 2019 und darin meinen Beitrag: Huber 2019.

worden waren, aber in der Praxis missachtet, vernachlässigt oder eingeengt wurden. Sie öffneten den Weg zu öffentlichen Debatten durch Friedensgebete in den Kirchen, Friedensmärsche auf den Straßen und schließlich zwischen September und November 1989 durch ebenso friedliche wie machtvolle Demonstrationen, die am Ende zu einem gewaltfreien Übergang in verschiedenen Ländern des damaligen Warschauer Pakts beitrugen. Sie schufen Runde Tische für offene Debatten und Verhandlungen über die notwendigen Schritte eines Übergangs zu einer neuen demokratischen Ordnung. Dieser Prozess schloss auch Abbrüche und Tragödien, Fehler und Enttäuschungen, im früheren Jugoslawien sogar Krieg und Völkermord ein. Es gibt also keinen Grund dazu, diese geschichtlichen Ereignisse zu verherrlichen oder zu idealisieren. Dennoch bin ich davon überzeugt, dass die Wiedererfindung der Zivilgesellschaft von bleibender Bedeutung ist. Nach wie vor bewundere ich die Zivilcourage derer, die sich in der vordersten Linie dieser Initiativen einsetzten.

Wenn wir heute nach Wegen zur Förderung der Agenda 2030 und ihrer siebzehn Ziele auf nationaler wie auf internationaler Ebene – und dabei insbesondere in der Kooperation zwischen Europa und Afrika oder spezieller zwischen Deutschland und Ruanda – fragen, ist es gut, das Dreieck von Staat, privatem Sektor und Zivilgesellschaft im Sinn zu haben und darauf zu achten, wie sie in Kommunikation, Kooperation und gegebenenfalls auch im Konflikt miteinander verbunden sind.

Als gute Beispiele für die Förderung von Nachhaltigkeit im weiten Sinn des Worts nenne ich beispielhaft Initiativen zur Förderung erneuerbarer Energien und einer Kohlendioxid-freien Mobilität. In solche Formen der Kooperation zwischen Akteuren im globalen Norden und im globalen Süden sind nicht nur *private-public partnerships* einbezogen, sondern ebenso Akteure der Zivilgesellschaft, nicht selten Kirchen und deren entwicklungspolitische Institutionen. Wenn ich den Kampf gegen Korruption als ein anderes Beispiel betrachte, so ist es offenkundig, dass Fortschritte in diesem Bereich nicht nur auf den notwendigen Bemühungen von Staaten und internationalen Organisationen beruhten, sondern ebenso auf den ausdauernden Interventionen zivilgesellschaftlicher Akteure wie beispielsweise *Transparency International.* Wenn man der Idee nachgeht, dass kulturelle Resilienz ein unentbehrliches Element nachhaltiger Entwicklung bildet, so ist es offensichtlich, dass Kultur einer unabhängigen Zivilgesellschaft bedarf, in der die Freiheit der Meinung und der Forschung sich ebenso entfalten kann wie die Freiheit des Gewissens, des Glaubens und der Religion. Aber es bedarf ebenso eines Staates, der seine Verantwortung für die Freiheit der Kultur, der Künste, der Religion, der Presse und der Wissenschaft erkennt und wahrnimmt. Wir sollten dabei niemals die Hoffnung aufgeben, dass auch Wirtschaftsunternehmen Kultur nicht nur als ein Marketinginstrument nutzen, sondern in der Unterstützung von

Kultur ihr Interesse an Nachhaltigkeit nicht nur in ihrer wirtschaftlichen und ökologischen, sondern auch in ihrer sozialen und kulturellen Dimension zum Ausdruck bringen.

Welche Gesellschaft? Mir ist bewusst, dass ich mit diesen wenigen Strichen ein elementares, idealtypisches Bild von Gesellschaft zeichne – verstanden als das Dreieck von Zivilgesellschaft, Wirtschaft und Staat. Doch angesichts der Tendenzen entweder zu einer Dominanz des wirtschaftlichen oder des staatlichen Sektors bin ich davon überzeugt, dass die Hervorhebung der dritten Ecke, nämlich der Zivilgesellschaft, keineswegs bedeutungslos, sondern von erheblicher Relevanz ist. Eine Zivilgesellschaft ist aus sich selbst heraus pluralistisch, wie das Beispiel der Kirchen und anderer Religionsgemeinschaften, aber auch der Vertreter nichtreligiöser Weltanschauungen zeigt. Religiöse Gemeinschaften repräsentieren das Heilige in der Weltlichkeit der Welt. Sie stehen für die Begegnung mit dem offenen Himmel ein. Aber indem sie das tun, sind sie selbst ein Teil dieser Welt. Sie nehmen teil an den Freuden und Sorgen nicht nur ihrer eigenen Mitglieder, sondern aller Menschen in ihren jeweiligen Gesellschaften wie jenseits von deren Grenzen. Sie sind ein Teil ihrer jeweiligen Gesellschaft, aber zugleich Anwälte von Menschen, die außerhalb dieser Gesellschaft leben, insbesondere der Verletzlichen und Marginalisierten, der zum Schweigen Verurteilten und Unterdrückten. Sie leben unter unterschiedlichen Verfassungsbedingungen, aber sie können ihre Verantwortlichkeit nie auf den geistlichen Raum und die private Sphäre beschränken. Sie sind kein Teil des politischen Systems; doch deshalb sind sie nicht politisch desinteressiert, neutral oder lediglich angepasst an den jeweiligen politischen Zustand. Sie wissen, dass sie in der Vergangenheit politisch schuldig wurden, und versuchen, daraus Konsequenzen für die Zukunft zu ziehen. Auf diese Weise bezeugen sie eine Erfahrung, die auch für andere Teile der Zivilgesellschaft von Bedeutung sein kann.

Alle Akteure der Zivilgesellschaft verbinden ein besonderes Mandat mit einer allgemeinen Verantwortung. Sie haben eine spezifische Aufgabe und sind zugleich dem Gemeinwohl verpflichtet. Vielleicht liegt darin ihr wichtigster Beitrag zur Nachhaltigkeit.

Literaturverzeichnis

Huber, Wolfgang. 2019. „Cultural sustainability in times of cultural genocide.“ In *Cultural Sustainability. Perspectives from the Humanities in Social Sciences*, hg. v. Torsten Meireis und Gabriele Rippl, 36–46. London/New York: Routledge.

Meireis, Torsten und Gabriele Rippl, Hg. 2019. *Cultural Sustainability. Perspectives from the Humanities in Social Sciences*. London/New York: Routledge.

Vereinte Nationen (UN). 2015. *Transformation unserer Welt: die Agenda 2030 für nachhaltige Entwicklung*. Resolution der Generalversammlung, verabschiedet am 25. September 2015. https://www.un.org/Depts/german/gv-70/band1/ar70001.pdf